유학생이 알아야 할 한국학 시리즈

한국 역사: 근현대편

제 2 권

유학생이 알아야 할 한국학 시리즈

한국 역사: 근현대편

성균관대학교 동아시아학술원
한국학연계전공 교재편찬위원회

지음

제2권

성균관대학교
출판부

〈유학생이 알아야 할 한국학 시리즈〉를 발간하며

1990년대 후반부터 한국의 대중문화가 타국에서 주목받기 시작하면서 이른바 '한류'라고 불리는 현상이 등장하였습니다. 이는 이제 한국의 문화가 한국뿐 아니라 세계 각지의 사람들이 함께 공유하는 대상이 되어가고 있음을 의미합니다. 특히 인터넷 발달에 따른 미디어 환경의 변화는 한국의 문화와 예술 등을 세계에 더 널리 전파하게 해주었고, 그 결과 한국과 한국 문화, 나아가 한국어를 배우고자 하는 열기는 점점 더 뜨거워졌습니다. 최근 방탄소년단(BTS)이나 영화 〈기생충〉으로 대표되는 한국 대중문화의 위상이 이를 증명하고 있습니다.

〈유학생이 알아야 할 한국학 시리즈〉를 기획한 필자들 역시 이러한 '열기'를 대학의 강의실에서 느끼고 있습니다. 매년 증가하는 외국인 입학생과 재학생들에게 '한국에 (유학)온 동기나 이유'에 대해 물어보면, 상당수 학생들은 '한류'를 통해서 한국을 알았고, 나아가 한국에 대해 공부하고 싶어서 왔다고 대답합니다. 그러나 이들은 대학에서 '한류'와는 거리가 있는 공부를 하거나 한국에 대해 배우고 싶어도 무엇을, 어떻게 배워야 하는지도 정확하게 모르는 경우가 적지 않았습니다.

2019년 4월 1일 기준 16만 명이 넘는 외국인 유학생의 절대 다수는 한국을 배우려는 열정과 의지를 가지고 한국을 찾아온 패기 넘치는 학생들입니다. 하지만 필자들은 그들의 한국에 대한 이해 수준이 결코 자신들의 열정과 비례하지 않다는 것을 현장에서 목격하곤 하였습니다. 이들의 열정과 미래의 꿈이 현실에서 제대로 결실을 맺기 위해서는 '한국'을 가르치는 교육자들의 반성과 실천이 그 어느 때보다 더 절실히 필요하다고 생각합니다. 더욱이 각 나라에서 한국을 배우고자 준비하고 있는 사람들까지 고려한다면, 더 진지하게 그 관심과 열정에 부응하는 것이 시리즈를 기획한 필자들의 최소한의 의무일 것입니다. 이 시리즈는 이러한 문제의식 속에서 한국을 배우고자 하는 외국인들이 보다 쉽고 체계적으로 한국을 이해하는 것을 목표로 삼았습니다.

외국인을 위한 한국어 교육 분야의 도서 발간은 이미 상당한 수준에 이르렀다고 생각합니다. 그러나 이와 달리 한국학을 깊이 있게 배우고자 하는 외국인 학생들을 위한 도서 발간은 아직 초보적인 수준에 머물러 있습니다. 이들의 점증하는 학문적 수요를 충족시켜주지 못하고 있는 현재 상황 속에서 관련 분야의 교재 발간은 매우 시급한 과제라고 할 수 있습니다. 〈유학생이 알아야 할 한국학 시리즈〉는 이러한 현실적 요구에 부응하기 위해 기획된 체계적인 한국학 교재 시리즈입니다. 다양한 주제로 발간될 교재들을 통해 외국인(유학생 포함)이 한국의 유구한 역사와 역동적인 문화를 자세히 이해하고, 나아가 지금의 한국 사회를 향한 통찰력을 기를 수 있기를 기대합니다.

아울러 이러한 목적과 현실적 요구를 배경으로 기획된 〈유학생이 알아야 할 한국학 시리즈〉는 전폭적인 학교의 지원과 격려가 없었더라면 발간 작업이 순조롭지 못했을 것입니다. '학생 성공'과 '미래 가치'라는 목표를 갖고 본 교재 발간에 지대한 관심을 보여주신 성균관대학교 신동렬 총장님을 비롯한 박현순 국제처장님, 한기형 전 동아시아학술원장님께 깊은 감사의 말씀을 드립니다. 원고 집필과 세심한 교열, 그리고 편집과 디자인에 힘써 주신 선생님들 덕분에 본 교재가 더욱 알차게 구성될 수 있었습니다. 마지막으로 유학생들이 본 시리즈의 학습을 통해 한국을 조금 더 이해하고 친숙하게 다가갈 수 있는 계기가 되었으면 하는 바람입니다.

필자를 대표하여
김경호 씀

한국 역사: 근현대편
이 책의 구성과 활용법

유학생이 알아야 할 한국학 시리즈는 유학생들이 한국의 역사와 문화에 보다 쉽고 체계적으로 접근할 수 있도록 대주제와 시기 구분에 따라 각 권을 구성하였습니다. 또한 단원의 구성도 일정한 기간과 시간을 배분해 학습에 집중할 수 있도록 15강으로 나누어 대학생은 물론 일반 학습자의 학습 성취도를 고려하였습니다.

먼저 제2권에 해당하는 《한국 역사: 근현대편》은 한국의 역사적 경험과 그 흐름을 핵심이 되는 키워드와 소주제를 갖고 다룹니다. 시기는 대한 제국 시대부터 현대까지를 대상으로 합니다.

모든 단원의 첫 시작은 〈이런 것들을 배워 봅시다〉로 문을 엽니다. 여기서는 본 강에서 학습할 내용의 전체 흐름을 설명하고 학습자들이 집중해서 생각해 볼 주제를 환기합니다. 아울러 〈찾아가 봅시다〉라는 코너를 넣어 학습 내용과 관련된 유적지나 기념관, 박물관 같은 정보를 소개하여 학습자의 직간접적인 체험 학습을 유도합니다. 그리고 본문 시작 부분에는 단원별로 본 강에서 배울 주요한 역사적 사건을 한눈에 파악할 수 있도록 연도를 표기하여 학습의 이해를 도왔습니다.

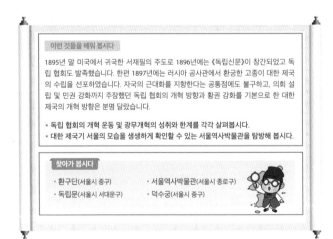

이런 것들을 배워 봅시다

1895년 말 미국에서 귀국한 서재필의 주도로 1896년에는 《독립신문》이 창간되었고 독립 협회도 발족했습니다. 한편 1897년에는 러시아 공사관에서 환궁한 고종이 대한 제국의 수립을 선포하였습니다. 자국의 근대화를 지향한다는 공통점에도 불구하고, 의회 설립 및 민권 강화까지 주장했던 독립 협회의 개혁 방향과 황권 강화를 기본으로 한 대한 제국의 개혁 방향은 분명 달랐습니다.

• 독립 협회의 개혁 운동 및 광무개혁의 성취와 한계를 각각 살펴봅시다.
• 대한 제국기 서울의 모습을 생생하게 확인할 수 있는 서울역사박물관을 탐방해 봅시다.

찾아가 봅시다

• 환구단(서울시 중구)   • 서울역사박물관(서울시 종로구)
• 독립문(서울시 서대문구)   • 덕수궁(서울시 중구)

학습의 세부 내용을 담고 있는 본문은 소주제별로 묶어 전달하여 이해를 돕도록 하였습니다. 이때 학습자의 독해에 도움이 될 용어나 개념, 또는 주요 인물에 대한 보충 설명을 〈글박스〉를 통해 전달하고 있습니다.

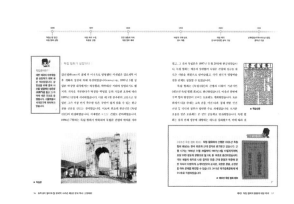

또한 〈더 알아봅시다〉라는 코너를 두어 역사적 사건을 이해하는 데 필요한 상세한 내용을 소개하였습니다. 흥미로운 에피소드로 구성된 본 코너를 통해 본문에서 다루는 주요 내용에 대한 이해를 도울 뿐 아니라 역사와 관련한 다양한 문화와 가치관을 이해하는 데에도 도움이 될 것입니다.

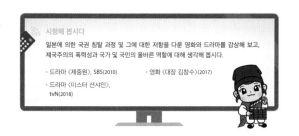

단원의 마지막에는 〈시청해 봅시다〉라는 코너를 두어 학습자들이 본 강에서 배운 내용을 총정리할 수 있도록 하였습니다. 먼저 학습 내용을 바탕으로 지인들과 토론해 볼 수 있는 화두를 소개하였습니다. 그리고 학습 내용과 관련된 드라마나 영화를 소개하여 원활한 토론과 복습 효과를 배려하였습니다.

이상의 구성적 특징을 갖는 유학생이 알아야 할 한국학 시리즈를 통해 유학생들이 한국이라는 국가가 경험해 온 역사적 전개 과정과 한국인의 가치관을 형성해 온 주요 사상과 생활문화사, 나아가 오늘날 세계인들로부터 평가받고 있는 한국의 전통 및 한류 문화 등을 함께 생각해 볼 수 있었으면 합니다. 아울러 유학생들이 한국적인 것의 특징이 무엇이며 그러한 특징이 어떻게 형성되었는가를 배워가며 한국 사회와 한국인의 삶과 의식에 보다 깊게 접근할 수 있으리라 기대합니다.

차례

제1강 독립 협회의 활동과 대한 제국

제2강 일제의 국권 침탈과 구국 운동

제15강 **한국 문화의 세계화**

제1강

독립 협회의 활동과 대한 제국

이런 것들을 배워 봅시다

1895년 말 미국에서 귀국한 서재필의 주도로 1896년에는 《독립신문》이 창간되었고 독립 협회도 발족했습니다. 한편 1897년에는 러시아 공사관에서 환궁한 고종이 대한 제국의 수립을 선포하였습니다. 자국의 근대화를 지향한다는 공통점에도 불구하고, 의회 설립 및 민권 강화까지 주장했던 독립 협회의 개혁 방향과 황권 강화를 기본으로 한 대한 제국의 개혁 방향은 분명 달랐습니다.

• 독립 협회의 개혁 운동 및 광무개혁의 성취와 한계를 각각 살펴봅시다.
• 대한 제국기 서울의 모습을 생생하게 확인할 수 있는 서울역사박물관을 탐방해 봅시다.

찾아가 봅시다

• 환구단(서울시 중구)   • 서울역사박물관(서울시 종로구)
• 독립문(서울시 서대문구)   • 덕수궁(서울시 중구)

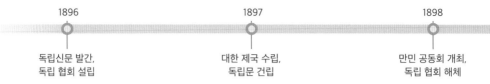

독립문이란?

대한 제국의 자주독립을 상징하기 위해 세운 석조문입니다. 상징성을 위해 중국 사신을 영접하던 영은문(迎恩門)을 헐고 그 자리에 세운 것으로 유명합니다. 서울특별시 서대문구에 위치하고 있습니다.

독립 협회가 설립되다

갑신정변(1884)의 실패 후 미국으로 망명했던 서재필은 갑오개혁 이후 개화파 정권에 의해 복권되었습니다(1895년 3월). 1895년 5월 성립된 박정양 내각에서는 외부협판, 학부대신 서리에 임명되기도 했지만, 귀국을 거부하다가 박정양·박영효 등의 거듭된 요청에 따라 1895년 12월에 귀국하였습니다. 다음 해 1월 중추원의 고문으로 임명된 그가 가장 먼저 착수한 일은 국민이 쉽게 읽을 수 있는 한글 전용 신문을 만드는 것이었습니다. 이로써 최초의 한글신문《독립신문》이 탄생하였습니다. 서재필은 독립문 건립도 준비하였습니다. 1896년 7월에는 독립 협회가 발족하여 독립문 건립에 박차를 가하

▶ 독립문

였고, 그 결과 독립문은 1897년 11월 20일에 완공되었습니다. 독립 협회는 계층과 상관없이 독립문 건립에 성금을 낸 모든 사람을 회원으로 받아들였고, 즉각 전국적 영향력을 갖춘 단체로 성장할 수 있었습니다.

독립 협회는 《독립신문》의 간행과 더불어 기관지인 《대조선 독립 협회 회보》도 발간하였습니다. 아울러 한번에 수백 명의 방청인이 모이는 토론회도 개최하였습니다. 토론회에서 다룬 주제는 교육 진흥, 미신 타파, 경제 개발, 민권 신장 등 국민과 정부가 당면한 주요 과제였습니다. 뜨거운 호응을 얻은 토론회는 곧 만민 공동회로 발전하였습니다. 독립 협회는 점차 전제 정부에 대항하는 태도를 강화했으며, 이에 따라 전

▲ 독립신문

《대조선 독립 협회 회보》 독립 협회에서 간행한 《대조선 독립 협회 회보》는 한국 최초의 근대 잡지로 평가받고 있습니다. 간행 시기는 1896년 11월 30일부터 1897년 8월 15일까지이며, 호당 20면 정도의 분량으로 월 2회, 총 18호로 종간되었습니다. 국민 계몽의 취지로 나온 잡지인 만큼 근대 문명과 학문에 관한 지식이 다양하게 소개되었으며 순국문, 국한문 혼용, 순한문 등 여러 문체를 확인할 수 있습니다. 2012년 국가등록문화재 제512호로 지정되었습니다.

▶ 대조선 독립 협회 회보

제 군주제를 지키려던 고종 황제 및 수구 세력과 충돌할 수밖에 없었습니다.

▌ '근대 최초'의 민중 집회, 만민 공동회를 열다 ▌

《독립신문》이나 독립문 등 독립 협회가 내세웠던 '독립'의 가치는 기본적으로 일본이 아니라 청나라와 러시아를 의식한 것이었습니다. 이 중 청나라의 영향력은 이미 크게 쇠퇴한 데 반해, 러시아의 이권 요구와 내정 간섭은 갈수록 노골화되고 있었습니다. 이는 고종이 아관파천에서 환궁하여 대한 제국 수립을 선포했음에도 마찬가지였습니다. 독립 협회는 러시아를 견제하는 일을 우선순위로 삼고, 《독립신문》의 기사나 상소문 등을 통해 대한 제국을 향한 러시아의 야욕을 강력히 성토했습니다. 이러한 흐름 속에서 1898년 3월 서울 종로에서 대규모 민중 집회인 만민 공동회가 열렸습니다. 정부 관료, 각종 단체 회원, 일반 시민 등이 신분과 계층을 막론하고 두루 참여한 이 집회에서, 연사들은 주로 자주 외교 및 국정 개혁의 당위성을 역설하였습니다.

만민 공동회가 큰 반향을 일으키자, 독립 협회는 또 다른 개혁

▶ 종로에 운집한 민중

의지도 천명하였습니다. 정치나 외교 문제뿐 아니라 민권 방면에도 대대적인 변화가 필요하다는 것이었습니다. 이를테면 재산권, 언론·집회의 자유 등이 보장되어야 한다는 목소리가 대두되었습니다. 이렇듯 독립 협회가 주도한 국권 운동은 민권 운동으로도 확장되었고, 관민이 하나가 되어 국정을 개혁하자는 분위기가 형성되었습니다. 그 결과 동년 10월 관민 공동회가 개최되기에 이르렀습니다. 6일간 서울 종로에서 열린 대집회에서는 고종 황제에게 헌의(獻議)할 6가지 항목, 즉 헌의 6조가 결의되었습니다. 황제 역시 처음에는 국정 개혁안을 수정 없이 재가하였습니다. 이는 자주 외교와 자유 민권을 추구하는 시민들의 의지가 받아들여졌다는 점에서 의미가 큽니다.

헌의 6조란?

(1) 일본인에게 의부(依附)하지 말 것
(2) 외국과의 이권 계약(利權契約)을 대신(大臣)이 단독으로 하지 말 것
(3) 재정을 공정히 하고 예산을 공표할 것
(4) 중대 범인의 공판과 언론·집회의 자유를 보장할 것
(5) 칙임관의 임명은 중의(衆議)에 따를 것
(6) 기타 별항의 규칙을 실천할 것

부보상(負褓商)이란?

부보상은 등짐 상인(負商)과 봇짐 상인(褓商)의 통칭으로서, 상품을 지고 돌아다니며 물건을 파는 이들을 말합니다.

독립 협회가 강제로 해산되다

그러나 정부의 친러파 인사 및 수구 세력은 독립 협회가 결국 군주정을 폐지하고 공화정을 도입하려 한다고 모함하였습니다. 독립 협회가 추진한 중추원 관제는 중추원이 의회 기능을 할 수 있게 하는 것이 핵심이었는데, 권력 남용을 견제할 수 있는 이러한 제도 역시 수구 세력에게는 쿠데타적 계획의 일환으로 해석되었습니다. 결국 고종과 수구 세력은 관민 공동회를 해산하기로 하고 순검과 부보상으로 구성된 황국 협회를 동원하여 1898년 11월 5일 독립 협회 간부를 체포하고 해산령을 내렸습니다. 이에 시민들은 만민 공동회를 열고 구속자 석방 등을 요구하며 저항하였으나, 끝내 1898년 12월 독립 협회는 해산하게 되었습니다.

독립 협회는 열강으로부터의 주권 수호, 민권 신장, 민중 계몽, 의회 개설 운동 등 다방면에 뚜렷한 업적을 남겼

▲ 등짐 상인 ©국립민속박물관

국제(國制)란?

최상위법의 성격을 갖는다는 점에서 헌법에 해당하지만, 국회가 아닌 황제의 명령으로 반포되었기에 '국제'라는 명칭이 사용되었습니다.

습니다. 만민 공동회처럼 민중과 결합한 활동은 갑신정변, 갑오개혁 등 기왕의 근대화 운동과 차별화된 모습이기도 했습니다. 하지만 일본이나 미국에게는 오히려 우호적 태도를 보이는 등 러시아를 제외한 열강의 제국주의 침략 의도는 제대로 비판하지 못했다는 한계도 지니고 있습니다.

대한 제국, 황권 강화를 전제로 개혁을 시도하다

황권의 약화를 우려해 독립 협회를 해산시킨 고종은 이듬해인 1899년 8월 대한국 국제˚를 반포하여 황권 강화를 도모하고자 했습니다. 총 9개조로 구성된 국제 중 6개조는 '대한국 대황제'의 강력한 권한을 명시한 것이었습니다. 예를 들어 제3조의 내용은 "대한국 대황제께옵서는 무한하온 군권(君權)을 향유하옵시나니 공법에 말한 바 자립정체이니라."라고 되어 있습니다. 요컨대 대한국 국제는 대한 제국이 확고한 전제 군주정 국가라는 것을 대내외에 재차 천명했다는 의미를 갖고 있습니다.

대한 제국은 비록 근대 국가를 지향하며 탄생했지만 독립 협회의 탄압 사례에서 보듯, 근본적으로는 조선 왕조의 정체성에서 탈피하지 못하였습니다. 정부의 주요 세력은 급진적 개혁을 비판하는 입장이었기에, '구본신참(舊本新參)', 즉 '옛것을 근본으로 삼고 새것을 참고한다.'라는 원칙을 개혁의 기조로 삼았습니다. 이러한 원칙 아래 진행된 대한 제국기의 점진적 개혁을 통칭하여 '광무개혁'이라고 합니다.

광무개혁은 크게 군사 제도, 경제 제도, 산업 시설 및 기술 방면의 개혁으로 나누어볼 수 있습니다. 군사 제도 개혁 부문에서는 원수부의 설치, 황제의 군대 통솔, 장병의 육성과 확충 등을 들 수 있고, 재정 개혁 부문에서는 양전 사업, 토지 소유문서 발급 등이 있었습니다. 산업 시설 및 기술의 개혁은 근대적 기술 유입을 위한 유학생 파견, 실업 학교 등 교육 기관 설립, 통신·교통 시설 등의 확충을 들 수 있습니다. 이와 같이 대한 제국은 근대적 교육과 산업 시설의 확충 등 근대화를 위해 노력하기도 했지만, 황권 강화에 지나치게 치중하고 과감한 변화에 소극적이었기 때문에 국민의 역량을 결집하는 데는 한계를 보일 수밖에 없었습니다.

▲ 대한 제국기 전차
ⓒ한국전력공사 전기박물관 소장

고종과 커피 고종이 커피를 즐겼다는 사실은 매우 유명합니다. 이 사실을 소재로 삼아 만든 영화도 나온 바 있습니다. 덕수궁의 정관헌이 '고종의 커피숍'이었다는 풍문도 전해지고 있습니다. 현재 정관헌의 안내 표지판에는 "고종 황제께서 차를 즐기시고 음악을 들으시던 곳으로, 동양 및 서양 건축 양식이 조화를 이루는 우리의 자랑스러운 문화재입니다."라고 되어 있습니다.

◀ 덕수궁 정관헌

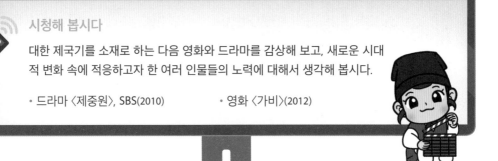

시청해 봅시다

대한 제국기를 소재로 하는 다음 영화와 드라마를 감상해 보고, 새로운 시대적 변화 속에 적응하고자 한 여러 인물들의 노력에 대해서 생각해 봅시다.

• 드라마 〈제중원〉, SBS(2010)　　　　　　• 영화 〈가비〉(2012)

일제의 국권 침탈과 구국 운동

이런 것들을 배워 봅시다

일본이 러일 전쟁(1904)에서 승리한 직후, 대한 제국의 국운은 급격히 기울어졌습니다. 일본은 을사늑약(1905)을 통한 보호국화 이후에도 각종 조치를 통해 한국의 주권을 침탈해 나갔습니다. 한국 측의 항일 운동도 거세게 일어나, 전국적 의병 활동, 고종의 헤이그 특사 파견, 친일파 척결 시도, 각 단체의 구국 계몽 운동 등이 잇따랐습니다. 그러나 최종적으로 경술국치(1910), 즉 한국에 대한 일본의 강제 병합을 막을 수 없었습니다. 비록 한국은 일본의 식민지로 전락했지만, 항일 세력은 만주 등지로 거점을 옮겨 새로운 독립 투쟁을 준비하였습니다.

• 의병 활동과 구국 계몽 운동의 공통점과 차이점에 대해 생각해 봅시다.
• 대한 제국은 결국 일본 제국에 의해 식민지로 전락하였습니다. 그렇다면 그동안의 항일 투쟁에서는 어떤 의미를 찾을 수 있을지 생각해 봅시다.

찾아가 봅시다

• 독립기념관(충청남도 천안시)
• 안중근 의사 기념관(서울시 중구)
• 의병박물관(경상남도 의령군)
• 양화진 외국인 선교사 묘원
  (서울시 마포구)

1904	1905	1906	1907
러일 전쟁, 《대한매일신보》 창간	을사늑약, 초대 통감 이토 히로부미 부임	통감부 설치, 대한 자강회 결성	신민회 결성, 헤이그 특사 파견, 고종 강제 퇴위

한일의정서란?

1904년 2월 23일 체결된 한일 간의 외교 문서로, 일본이 대한 제국의 영토와 자원을 공식적으로 활용하여 러일 전쟁을 유리하게 이끌기 위해 요구한 것이었습니다.

▍일본의 침략이 러일 전쟁으로 가속화되다 ▍

1904년 2월, 일본은 마침내 러시아를 상대로 전쟁을 일으켰습니다. 한반도 내에서 꾸준히 충돌해 온 양국이었기에, 이 전쟁은 사실상 한국의 지배권을 누가 차지할 것인가를 판가름하는 의미를 갖고 있었습니다. 대한 제국은 중립을 선언하였지만, 일본은 한일의정서를 강제로 체결하여 한국 내에서 자유롭게 군사 기지를 사용할 준비를 했습니다. 그 외에도 일본은 한국의 재정과 외교를 관할하는 고문을 파견하여 한국의 주권을 본격적으로 침해하기 시작했습니다. 기습 공격으로 처음부터 승기를 잡은 일본은 1905년 5월 쓰시마 해전에서 러시아가 자랑하던 발트 함대까지 격파하고 결국 러시아를 패퇴시켰습니다. 그 결과 1905년 9월 포츠머스 조약이 체결되었습니다.

▶ 러일 전쟁을 풍자한 당시 삽화

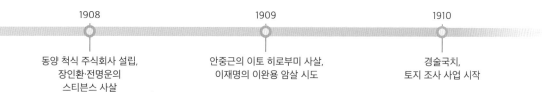

1908

동양 척식 주식회사 설립,
장인환·전명운의
스티븐스 사살

1909

안중근의 이토 히로부미 사살,
이재명의 이완용 암살 시도

1910

경술국치,
토지 조사 사업 시작

이 조약을 통해 일본은 한국에 대한 독점적 지배권을 확립하게 됩니다. 그들은 가쓰라·태프트 협정과 2차 영일 동맹을 통해 미리 미국과 영국의 승인도 확보해 둔 상태였습니다.

을사늑약부터 군대 해산까지, 국운(國運)이 기울어지다

일본의 입장에서 보자면, 대한 제국을 공식적으로 지배하기 위한 외교적 방해 요소는 모두 제거된 상황이었습니다. 이에 일본은 즉각 다음 단계의 조치로 들어가게 됩니다. 바로 대한 제국을 보호국화하는 것이었습니다. 1905년 11월 일본은 무력을 앞세워 5개조로 구성된 을사늑약을 체결하였습니다. 을사늑약의 핵심 내용은 한국의 외교권을 일본에 귀속시키는 것과 통감부를 설치하여 내치를 감독하는 것이었습니다. 이러한 일방적인 조약에 반대를 표하는 관료도 있었지만, 이완용을 필두로 한 을사오적*을 앞세운 일본은 일방적으로 조약의 성립을 공포하였습니다.

고종은 조약의 불법성을 대외에 호소하고자 하였습니다. 1907년 7월 네덜란드 헤이그에서 열린 제2회 만국 평화 회의에 특사를 파견한 것이 대표적입니다. 그러나 회의 자체가 한국을 공식 참가국으로 받아주지 않은 데다가 일본 대표의 방해까지 더해져 기대했던 성과를 낼 수 없었습니다. 오히려 헤이그 특사 사건을 알게 된 일본은 그 책임을 물어 즉각 고종을 강제로 퇴위시켰습니다. 또

을사오적(乙巳五賊)이란?

을사오적은 을사늑약에 찬동한 5명의 대신, 즉 박제순(朴齊純, 외부대신), 이지용(李址鎔, 내부대신), 이근택(李根澤, 군부대신), 이완용(李完用, 학부대신), 권중현(權重顯, 농상부대신)을 일컫습니다. '오적'이라고만 지칭하는 경우도 많았을 정도로 이들은 친일파의 대표적 존재가 되었습니다.

▲ 헤이그 특사 3인(왼쪽부터
이준·이상설·이위종)

한 같은 달 통감의 권한을 강화하고 사법권과 관리 임용권 등까지 일본이 갖는다는 것을 명시한 정미7조약(한일신협약)을 체결하였습니다. 이어서 신문지법과 보안법을 공포하여 언론·집회·결사의 자유까지 침해하였습니다. 그리고 7월의 마지막 날 밤, 새로 즉위한 순종에게 강요하여 대한 제국의 군대를 해산하고 말았습니다.

더 알아봅시다

독도 영유권 분쟁 독도는 대한민국의 영토로서 행정 구역상 경상북도 울릉군 울릉읍에 속하는 섬입니다. 현재도 한국군이 주둔하며 실효적 지배를 하고 있습니다. 그러나 일본은 부당하게 독도의 영유권을 주장하며 독도를 외교 문제로 쟁점화해 왔습니다. 일본은 한국의 국권 침탈에 속도를 내던 1905년 2월 독도를 다케시마(竹島)로 명명하고 시마네 현 오키(隱岐)군에 편입한 바 있습니다. 한국 영토의 반환이 공식화된 것은 일본이 제2차 세계대전에서 패한 후 미국과 맺은 샌프란시스코 강화 조약(1951)에 이르러서였습니다. 그럼에도 일본은 1905년에 당시 무소유지였던 독도를 일본 영토로 편입하였기에 1910년에 합병한 한국 영토와 무관하다는 논리로 영유권을 주장하고 있습니다. 그러나 독도가 한국의 영토라는 사실은 《세종실록지리지》, 《동국여지승람》 등의 역사적 기록이 증언하고 있는 바이며, 근대의 문헌 증거를 보아도 1900년에 발표된 대한 제국 칙령 제41호에서 "독도는 울릉군에 속한 땅이므로 울릉군은 울릉도와 석도(독도)를 다스린다."는 내용이 이미 확인됩니다. 이는 일본이 주장하는 1905년보다 5년이 빠른 것입니다.

◀ 독도

이외에도 1905년 이전 일본에서 만들어진 많은 지도나 자료에도 독도가 한국의 영토라는 점이 명시되어 있습니다. 더 자세한 사항은 대한민국 외교부가 운영하고 있는 인터넷 사이트 '외교부 독도(https://dokdo.mofa.go.kr/kor/dokdo/government_position.jsp)'를 통해 확인할 수 있습니다.

일제의 침략에 항거하다

을사늑약이 체결되자 수많은 조선인들의 반발이 터져 나왔습니다. 민영환, 조병세처럼 자결을 통해 울분을 토로한 이들이 있었는가 하면, 《황성신문》에 실린 장지연의 글 〈시일야방성대곡〉*처럼 조약의 폭력성을 널리 알리기 위한 시도도 있었습니다.

특히 주목해야 할 것은 무력으로 투쟁한 의병들입니다. 을사늑약 이후의 주요 의병으로는 충청남도의 민종식, 전라도의 최익현, 경상도와 강원도를 넘나들며 활약한 평민 충신 신돌석 등을 들 수 있습니다. 군대 해산 이후로는 해산 군인들의 합류로 활동이 더욱 치열해졌습니다. 점차 의병 간의 연합도 이루어져 1910년에는 이인영의 주도로 서울 진공 작전이 시도되기도 했습니다. 하지만 이러한 활동에도 불구하고 신식 무기로 무장한 일본군에 의해 많은 의병들이 희생되고 근거지는 초토화되었습니다. 이에 이후 의병 활동은 국외로 이동하여 독립군을 양성하는 방향으로 계승되어 갔습니다.

일제에 대한 항거는 암살의 형태로도 이루어졌습니다. 나철, 오기호 등이 조직한 자신회(自新會)는 을사오적을 척결하기 위한 단체였습니다. 장인환과 전명운은 일본의 외교 고문이었던 스티븐스를 1908년 미국 샌프란시스코에서 저격하였습니다. 이재명은

▲ 민영환

시일야방성대곡 (是日也放聲大哭) 이란? *

1905년 11월 20일자 《황성신문》에 실린 장지연의 논설로서, '이 날에 목놓아 크게 우노라.'라는 의미입니다. 논설의 주요 내용은 일본이 강제로 체결한 을사늑약의 부당성과 여기에 책임이 있는 대신들에 대한 비판이었습니다.

의병과 기자 맥켄지 영국 매체 《데일리 메일》의 기자 F. A. 맥켄지는 대한 제국의 군대 해산 이후 활성화된 정미의병을 취재하고자 충청도의 깊은 산속에 있던 한 부대를 탐방했습니다. 그가 당시에 찍은 다음 사진은 그의 저서 《조선의 비극》에 실린 것으로 현재까지 전해지고 있는 유일한 의병 관련 사진입니다. 맥켄지는 의병과 관련하여 "의병은 매우 불쌍해 보였다. 전혀 희망이 없는 전쟁에서 이미 죽음이 확실한 사람들이었다. 그러나 몇몇 군인의 영롱한 눈빛과 자신만만

한 미소를 보았을 때, 가엾게만 생각했던 내가 잘못되었음을 확실히 깨달았다. 그들은 자기의 동포들에게 애국심이 무엇인가를 확실히 보여주고 있었다."라는 기록을 남긴 바 있습니다.

◀ 맥켄지가 촬영한 의병 사진

1909년 12월 명동성당 근처에서 이완용의 암살을 시도하여 칼로 중상을 입히기도 했습니다.

세상을 가장 놀랍게 만든 일은 안중근의 의거였습니다. 연해주에서 활동하던 그는 1909년 10월 26일 러시아와의 교섭 건으로 하얼

▼ 안중근 의사
▼▼ 안중근 의사 동상
(의정부시)

빈을 방문한 이토 히로부미를 저격하여 처단하였습니다. 현장에서 체포된 안중근은 1910년 3월 26일 뤼순 감옥에서 사형이 집행되기까지 〈동양평화론〉을 저술하는 등 의연한 태도로 일관하다가 순국하였습니다.

　이상의 활동들은 매국적 만행을 저지른 이들에 대한 심판의 의지와 독립을 향한 한국인의 강한 열망을 대내외에 천명하는 데 크게 기여했습니다.

더 알아봅시다

안중근의 〈동양평화론〉과 유묵(遺墨) 1910년 3월 26일 뤼순 감옥에서 안중근 의사의 사형이 집행되었습니다. 그는 수감 이후 40여 일 동안 다수의 유묵과 미완고인 〈동양평화론〉 등을 남겼습니다. 〈동양평화론〉의 주요 내용은 서세동점(西勢東漸)의 시대에 동양의 평화를 수호한다는 명분으로 전쟁에 나선 일본이 오히려 한국의 국권을 빼앗아 동양평화를 파괴하고 있음을 비판하고, 이를 바로 잡기 위해 한국이 독립해야 할 것과 동양 3국이 협심해야 할 것을 강조하는 데 있습니다. 〈동양평화론〉은 독립을 위한 안중근의 투쟁이 궁극적으로는 동양과 세계의 평화를 지향하고 있었다는 것을 잘 보여줍니다.

안중근 의사가 남긴 유묵 중 현재까지 확인된 것은 62점이라고 합니다. 그중 '욕보동양선개정략 시과실기추회하급(欲保東洋先改政略 時過失機追悔何及)'은 대한민국 보물 제569-21호로 지정되어 있습니다. 이 문장은 "동양의 평화를 지키기 원하거든 침략 정책을 멈추어야 한다. 때가 지나면 후회한들 미치지 못할 것이다."라는 의미로, 〈동양평화론〉의 정수를 잘 보여줍니다.

◀ 유묵 '욕보동양선개정략 시과실기추회하급'
ⓒ단국대학교 석주선기념박물관 소장

국채 보상 운동
이란?*

국채 보상 운동은 1907년
2월 대구에서 시작되
어 전국적으로 확산된
주권 회복 운동으로서,
핵심 취지는 국민이 절
약하여 당시 대한 제국
의 외채 1300만 원을
대신 갚자는 것이었습
니다.

▌구국 계몽 운동이 전개되다 ▌

국권이 침해받는 상황이 계속되자, 구국(救國) 계몽 운동을 위한 민간단체들이 속속히 출현하였습니다. 이 흐름에 있어서 기폭제가 된 것은 역시 을사늑약이었습니다. 1905년 이후 수십 종의 다양한 매체가 새로 등장하여 위기에 처한 대한 제국을 살릴 애국 담론을 유포하였고, 나라의 근대화를 위해 각종 분과 학문을 활발하게 번역 소개하기도 했습니다. 각 매체들은 대개 근대 지식의 소개와 애국 담론 활성화라는 두 가지 초점을 지니고 있었으며 궁극적 목표는 물론 구국과 자강(自强)에 있었습니다.

대표적 단체로는 헌정연구회(1905)를 계승한 대한 자강회(1906)가 있습니다. 박은식, 이기, 장지연, 윤효정 등이 주축이 된 대한 자강회는 《대한 자강회월보》를 간행하여 국권을 수호하기 위한 자강의 방도를 탐색하고 근대적 교육 운동을 적극적으로 전개하였습니다. 그 외 서북 학회, 기호 흥학회, 호남 학회 등 지역별 인사들이 조직한 학회도 대거 등장하였고, 일본에서 유학 중이던 학생들 역시 태극 학회, 공수 학회, 대한유학생회, 대한 흥학회 등 다양한 단체를 조직하였습니다. 이러한 단체들은 학교를 세우거나 교과서를 보급하고 유학생을 지원하는 등 기관의 성격에 따라 다른 활동을 펼치기도 했지만, 대개 기관지를 출판하여 계몽 운동에 앞장섰다는 공통점을 보입니다. 《조양보》, 《야뢰》, 《소년한반도》 등 특정 단체의 기관지가 아닌 초기 종합 잡지들도 속속 등장하였습니다. 한편 신문을 통한 구국 운동 역시 꾸준히 전개되었습니다. 《황성신문》, 《대한매일신보》, 《대한 자강회월보》 등은 일제의 침략 정책을 날카롭게 비판하던 당시의 대표적 신문들입니다.

앞서 소개한 매체들은 각기 다른 정체성과 독자층을 갖고 있었습니다. 그러나 국채 보상 운동*처럼 중대한 현안이 발생하면 각 매체가 연대하여 운동을 확산시킨 데에서 볼 수 있듯이, 이들의 존재

이유는 기본적으로 나라의 위기를 극복하는 데 있었습니다.

위의 단체들이 기본적으로 합법의 영역에서 활동했다면, 1907년에 결성된 신민회는 항일 비밀 결사였습니다. 안창호의 발기로 창립된 신민회에는 박은식, 양기탁, 신채호, 이동휘, 이갑, 이승훈, 이회영 등 다양한 애국지사가 참여하였습니다. 공화 정체의 자유독립국 건설을 목표로 한 신민회의 활동은 크게 교육 구국 운동,

더 알아봅시다

《대한매일신보》와 어니스트 베델 1904년 7월에 창간된 《대한매일신보》는 경술국치 시까지 강력한 반일 논조를 유지한 신문이었습니다. 통감부 체제에서 이것이 가능했던 이유는 《대한매일신보》의 발행인이 바로 영국인 베델(Ernest Bethell, 1872-1909, 한국 이름 배설[裵說])이었기 때문입니다. 러일 전쟁 시기 《런던 데일리 뉴스》의 특파원으로 한국에 온 베델은 오랜 일본 거주 경험으로 한일 양국의 사정을 잘 알고 있었습니다. 그런 그가 철저히 한국인의 입장에서 일본의 부당한 침략을 대외에 알리는 활동을 하자, 일본은 어떻게든 그에게 족쇄를 채우고자 했습니다. 통감부는 영국 측에 베델의 처벌을 계속하여 요구했습니다. 《대한매일신보》의 기사로 인해 한국인들이 선동되어 피해가 막심하다는 명분을 만든 것입니다.

결국 그는 주한 영국 총영사관에서 열린 재판에서 유죄 판결을 받고 6개월의 근신 처분을 감수해야 했습니다. 뿐만 아니라 그 이후로도 일본의 정략으로 인한 법정 다툼은 계속되었습니다.

베델은 굴하지 않았지만, 급격한 건강 악화로 1909년 5월 1일 37세의 젊은 나이로 사망하였습니다. 그의 마지막 유언은 "나는 죽을지라도 신보는 영생케 하여 한국 민족을 구하라."는 것이었습니다.

▲ 대한매일신보　　　▲ 어니스트 베델

계몽 강연 및 출판 운동, 민족 산업 진흥 운동, 독립군 양성 운동 등으로 나눌 수 있습니다. 실제로 거둔 성과도 적지 않아 정주의 오산 학교, 평양의 대성 학교 등 다수의 민족 교육 기관을 설립하고, 간도에 신흥 무관 학교를 설립하여 독립 전쟁을 계획하기도 하였습니다. 1911년의 105인 사건으로 인해 신민회의 국내 조직은 해산될 수밖에 없었습니다. 하지만 신민회는 실력 양성 운동 노선과 무장 투쟁 노선의 결합을 시도하였고 해외 독립군 건설의 밑거름이 되었다는 점에서 큰 의의를 갖고 있습니다.

대한 제국, 국권을 빼앗기다

하지만 일본은 이러한 저항을 뿌리치고 끝내 대한 제국을 강제로 병탄하였습니다. 1910년 8월 29일 총리대신 이완용과 통감 데라우치의 주도로 체결된 한일 병합 조약, 즉 경술국치(庚戌國恥)는 조선 왕조 500년 역사에 종언을 고하는 것이기도 했습니다. 그간 전개되었던 의병·의열 활동, 구국 계몽 운동 등도 이제 같은 형태로 지속될 수 없었습니다. 애국정신을 고취시키던 많은 서적들은 국가의 금서로 지정되었습니다. 하지만 이미 진행된 민중 계몽의 성과는 보이지 않는 곳에서 한국인의 자양분이 되고 있었고, 국내 항일 세력은 상하이, 연해주, 만주, 아메리카 등지에 새로운 거점을 만들어 본격적인 해외 독립운동의 역사를 열게 되었습니다.

▲ 일본에서 제작된
경술국치 기념장
◀ 경술국치 조약 문서

📶 **시청해 봅시다**

일본에 의한 국권 침탈 과정 및 그에 대한 저항을 다룬 영화와 드라마를 감상해 보고, 제국주의의 폭력성과 국가 및 국민의 올바른 역할에 대해 생각해 봅시다.

• 드라마 〈제중원〉, SBS(2010)
• 드라마 〈미스터 션샤인〉,
  tvN(2018)

• 영화 〈대장 김창수〉(2017)

무단 통치기
한국의 변화

이런 것들을 배워 봅시다

1910년 한일 병합 조약으로 일본은 한국을 식민지로 통치하게 됩니다. 1910년부터 1919년 3·1운동이 일어나기 전까지의 시기를 무단 통치기라고 부릅니다. 일본은 군인을 이용하여 강압적이고 폭력적으로 한국을 통치했습니다. 또한 토지 조사 사업과 회사령을 통해 한국인들을 경제적으로 수탈하였습니다.

- 무단 통치가 지닌 모순과 한계에 대해 생각해 봅시다.
- 한국인들이 식민지 상황에서도 새로운 소설과 시를 만들어 낸 것은 어떠한 의미일까요?
- 아직도 남아 있는 일제 강점기에 건축된 건물과 유적들을 찾아가 보고, 자신의 감상을 글로 적어봅시다.

찾아가 봅시다

- 구 서울역사(서울시 중구)
- 구 서울시청(서울시 중구)
- 서대문형무소(서울시 서대문구)
- 근대문화거리(전라북도 군산시)

▌ 경술국치와 함께 조선 총독부가 설치되다 ▌

1910년 8월 29일에 공포된 한일 병합 조약(韓日倂合條約)으로 대한 제국의 모든 통치권은 일본에 넘어가게 되었습니다. 세계 지도에서 한국이라는 나라가 사라지게 된 것입니다.

일본은 대한 제국의 황실을 유지하여 한국인들의 반발을 줄이고자 대한 제국의 황제였던 순종을 '이왕(李王)'으로, 고종을 '이태왕(李太王)'으로 부르며 형식적인 예우를 하였습니다. 여기에는 한일 병합이 평화롭게 이루어졌다는 것을 선전하고자 하는 의도가 숨어 있었습니다.

▼ 조선 총독부 관보
제1호(1910.8.29)에
실린 한일 병합 조약
원문

일본은 한국을 통치하기 위해 조선 총독부를 설치했습니다. 조선 총독부의 책임자인 조선 총독은 행정, 입법, 사법의 모든 권력을 가졌습니다. 일본은 군인 출신의 총독을 임명하여 군사력을 이용한 폭력적 통치를 자행하였습니다.

조선 총독부 내에는 자문 기관으로서 중추원(中樞院)이 존재하기도 했습니다. 겉으로 보기에 중추원은 한국인의 입장과 의견을 말할 수 있는 통로였지만, 실은 이완용과 같은 친일파들이 그 자리를 독점하고 있었습니다. 또한 1919년 3·1운동 이전에는 한번도 소집된 적이

없다는 데서도 알 수 있듯이, 중추원은 식민 통치에 한국인들도 참
여한다는 명분을 위한 들러리에 불과했습니다.

▲ 철거 전 조선 총독부
건물

조선 총독부, 억압적 통치 정책을 시행하다

조선 총독부는 한국인을 매우 강압적으로 통치하였습니다. 사람들
이 함께 모일 수 있는 집회(集會)의 자유, 단체를 만들 수 있는 결사
(結社)의 자유, 그리고 자신의 생각을 말할 수 있는 언론의 자유를 모
두 금지한 것은 당연했습니다. 기존에 있었던 단체들도 대거 해산

시켰습니다. 친일 단체인 일진회마저 해산시켰습니다. 한국인들의 반항을 막기 위해 105인 사건을 조작하여 많은 항일 운동 지도자들이 체포되기도 하였습니다.

언론의 자유가 없던 한국인들은 신문 발행을 자유롭게 할 수 없었습니다. 조선 총독부는 《황성신문》과 《제국신문》을 강제로 폐간하였고, 항일 언론이었던 《대한매일신보》는 제호에서 '대한'을 삭제한 뒤 《매일신보》로 바꾸어 총독부의 기관지로 삼았습니다. 무단 통치기에는 《매일신보》와 더불어 일본어 신문인 《경성일보》, 영어 신문인 《서울 프레스(Seoul Press)》, 그리고 소수의 지방 신문만이 발행될 수 있었습니다.

더 알아봅시다

105인 사건 1911년 조선 총독부가 한국의 민족운동 탄압을 위해 데라우치 총독의 암살 미수 사건을 조작한 사건입니다. 일제는 이토 히로부미를 저격한 안중근의 사촌 안명근을 체포하고, 총독 암살 미수 사건을 조작하여 애국지사 수백 명을 체포합니다. 평안도를 중심으로 한 기독교 세력과 신민회의 항일 운동을 탄압하기 위한 목적이었습니다. 1심 재판에서 유죄 판결을 받은 사람이 105명이었기 때문에 '105인 사건'이라는 이름이 붙었습니다.

◀ 105인 사건으로 잡혀가는 사람들

교육 방면에서도 총독부는 한국인들을 탄압했습니다. 이로 인해 1910년 이전 3,000개가 넘던 사립 학교의 숫자는 740개로 줄어들었습니다. '제1차 조선 교육령(1911)'은 대학과 같은 고등 교육을 제한하고 오늘날의 중학교 수준인 보통 교육과 직업에 필요한 실업 교육만을 실시하게 만들었습니다. 일본어 수업의 비중은 크게 늘어

한일 병합과 성균관의 변모 조선시대 최고의 교육 기관이었던 성균관은 1910년 한일 병합과 함께 사라지게 됩니다. 조선 총독부는 1911년 경학원(經學院)을 설치하여 성균관이 수행하던 교육과 제례(祭禮) 기능 중 제례 기능만을 계승하게 합니다. 오늘날 봄과 가을에 볼 수 있는 춘·추기(春秋期) 석전(釋奠)이 그것입니다. 조선 총독부는 유림(儒林)들을 같은 편으로 끌어들이기 위해서 한문 글짓기 대회인 백일장과 각종 강연회를 경학원에서 개최하였습니다. 1930년에 이르러야 공자의 가르침을 담은 유교 경전과 한문으로 쓰여진 한국 고전 문학을 가르치는 학교인 명륜학원(明倫學院)이 만들어집니다. 이후 명륜학원은 1939년에는 명륜전문학원이 되었다가 1943년 9월 폐교됩니다.

▲ **1933년 명륜학원 2회 졸업 사진** ⓒ성균관대학교 기록보존실 소장

동양 척식 주식회사란?●

1908년 일본이 조선의 토지와 자원을 빼앗기 위해 만든 국책 회사입니다.

낳고 조선어 수업은 대폭 축소되었습니다. 교사들에게 군인처럼 제복을 입고 칼을 차게 하여 무서운 분위기를 만들기도 하였습니다.

무단 통치기의 치안은 헌병이 담당했습니다. 사안에 따라 헌병 경찰은 재판을 거치지 않고도 한국인을 즉결 처벌할 수 있는 권리가 있었습니다. 이에 많은 한국인들이 헌병 경찰에 의해 심각한 인권 유린과 폭압을 당할 수밖에 없었습니다.

▌ 토지 조사 사업과 식민지 수탈 체제를 확립하다 ▐

한국을 식민지로 만든 직후, 일본은 즉각 토지 조사 사업에 착수했습니다. 이 사업은 세금을 공정하게 매기기 위한 것으로 선전되었지만, 그 이면에는 각종 토지를 조선 총독부의 소유로 만들려는 의도가 숨어 있었습니다. 토지 조사 사업을 통해 신고를 하지 못한 땅뿐만 아니라 왕실의 땅, 마을이나 문중의 공유지 등 다양한 지목(地目)의 토지들이 조선 총독부로 귀속되었습니다. 조선 총독부는 토지 조사 사업으로 얻은 땅들을 싼값에 일본인이나 동양 척식 주식회사(東洋拓殖株式會社)●에 팔았습니다. 자신의 땅이 없어진 많은 한국인들은 일본인과 동양 척식 주식회사의 땅을 빌려서 농사를 짓는 소작농(小作農)이 되고 말았습니다.

일본은 한국인의 금융과 산업에도 손을 뻗쳤습니다. 조선은행을 만들어 돈을 만들고 유통하는 일을 중앙에서 관리하였고, 회사령(1910)을 제정하여 한국인들의 회사 설립을 어렵게 만들었습니다. 회사령은 특히 당시 한국인들에게만 불리하게 작용한 악법이었습니다. 한국에 거주하는 일본인들은 회사 설립 후에 형식적인 신고 절차만 요구되었지만, 한국인들은 허가를 받지 못하면 회사 자체를 만들 수 없었습니다. 이 때문에 회사를 키워 대규모의 민족 자본을 형성하는 일이 어려웠습니다.

▲ 동양 척식 주식회사
(부산광역시립박물관 소장
사진엽서)

한편 일본은 식민지 한국에서 확보한 식량과 자원을 효율적으로 이동시키기 위해 교통망을 정비하였습니다. 예를 들어 이 시기에 차례로 완성된 경부선(1905), 경의선(1906), 호남선(1914), 경원선(1914) 등은 한국의 물자를 일본으로 실어 나르는 핵심 루트였습니다. 전라북도 군산의 항구는 충청남도와 전라북도의 곡창 지대에서 생산된 쌀들을 일본으로 유출하는 창구가 되었습니다.

서울 , 새로운 공간으로 변모하다

한국에서 처음으로 전화가 사용된 것은 1898년의 일이었습니다. 일본은 1908년 의병 탄압을 위해 경비전화건설부를 설치하고 전국의 경찰서, 군대, 우체국, 관청을 연결하는 전화망을 만들었습니다. 주로 정치, 군사적 목적으로 활용되었기에 전화를 사용하는 사람은

서울이란?

한국의 수도를 뜻하는 '서울'은 1945년 8월 15일 해방을 맞이하면서 본격적으로 사용되기 시작했습니다. 조선시대에는 주로 '한성(漢城)'을, 일제 강점기에는 '경성(京城)'을 사용했습니다. 서울의 어원은 신라시대의 수도를 칭하던 '서라벌'에서 유래했다는 설이 유력합니다.

1915년 기준으로 1만 명 수준에 그쳤습니다.

지금의 지하철과 비슷한 전차의 역사는 1899년 서대문-청량리 노선의 개통을 기점으로 합니다. 전차가 다니게 되면서 서울 시내의 길들은 직선 형태로 변하기 시작했습니다. 1910년대부터 전차를 사용하는 사람들의 숫자가 늘어났습니다. 1910년 초반에는 하루 1만 명 이하의 사람이 전차를 이용했지만, 1915년에는 4만 명이 전차를 이용했습니다.

새롭게 만들어진 도로를 따라 새로운 건축물들도 지어졌습니다. 태평로와 남대문로, 을지로를 중심으로 조선 총독부, 조선은행 같은 건물이 들어섰습니다. 이 건축물들은 예전에 한국에서는 찾아볼 수 없었던 르네상스 양식, 한국과 서양을 절충하는 양식 등을 활용하였습니다. 새 도로와 건축물들로 서울은 새로운 모습으로 변하게 되었습니다.

최남선과 이광수, 한국 근대 문학의 시작을 알리다

최남선(崔南善)은 1908년 한국 최초의 신체시(新體詩) 〈해(海)에게서 소년(少年)에게〉를 발표합니다. 기존의 창가(唱歌)나 시조(時調)와 전혀 다른 자유로운 형식의 이 시는 한국문학이 새로운 단계로 진입한 것을 의미하였습니다. 이 작품은 선진 문화를 받아들여 희망찬 미래를 건설하고자 하는 희망을 담고 있습니다.

한편 이광수(李光洙)가 1917년에 발표한 《무정(無情)》은 한국 최초의 근대 장편 소설로 일컬어집니다. 남자 주인공 이형식은 엘리

▲ 《매일신보》에 연재된 《무정》 첫 회(1917.1.1.)

시조(時調) 시조는 고려 말부터 시작된 한국 고유의 운문 문학 장르입니다. 초장(初章)·중장(中章)·종장(終章)의 3단 구성이며, 대체로 3·4·3·4 / 3·4·4·4 / 3·6·4·3의 글자수를 가진 정형시입니다. 다음은 한국의 대표적인 시조 포은 정몽주의 〈단심가〉입니다.

초장	3 4 3 4 이몸이 죽고죽어 일백번 고쳐죽어
중장	3 4 4 4 백골이 진토되어 넋이라도 있고없고
종장	3 6 4 3 임향한 일편단심이야 가실줄이 있으랴

트 지식인으로서 구습(舊習)을 비판하고 새로운 문물과 질서를 적극적으로 받아들이고자 합니다. 여자 주인공 박영채 역시 가부장적 문화가 몸에 밴 수동적인 존재였다가 여러 고난을 겪고 나서 자신이 옳다고 생각하는 일을 하는 독립적 존재로 변모합니다. 《무정》은 인물, 구성, 주제 등 모든 방면에서 과거의 신소설이 가지고 있는 한계를 성공적으로 극복해 냈다는 평가를 받습니다.

시청해 봅시다

일제 강점기를 다룬 다음 영화를 감상해 보고, 그 시기를 살아가는 식민지인의 고통에 대해 생각해 봅시다.

• 영화 〈덕혜옹주〉(2016)

3·1운동과
임시 정부 수립

이런 것들을 배워 봅시다

3·1운동(기미독립 만세 운동)은 한민족이라면 누구라도 참여한 비폭력 평화적 독립운동
이었습니다. 만세 운동은 순식간에 전국적으로 확대되었고, 전 세계 한인들이 거주하는
곳이면 어디에서든 일어났습니다. 3·1운동은 세계사적으로 유례가 없는 반제국주의 저
항 운동이었으나, 이 운동이 곧장 독립으로 이어지지는 못하였습니다. 그러나 이를 계기
로 독립운동을 체계적으로 수행하기 위한 조직적인 기구로서 대한민국 임시 정부가 수
립되었습니다. 대한민국 임시 정부는 최초의 민주공화제 정부로서 대한민국 헌법 전문
은 3·1운동으로 건립된 대한민국 임시 정부의 법통을 계승한다고 명시하고 있습니다.

• 3·1운동의 국내외적 배경을 생각해 봅시다.
• 3·1운동의 전개 과정을 살펴보고, 이를 계기로 수립된 대한민국 임시 정부의 의미를
　생각해 봅시다

찾아가 봅시다

▼ 독립운동 관련 유적
• 탑골 공원(서울시 종로구)
• 대한민국역사박물관(서울시 종로구)
• 독립기념관(충청남도 천안시)

• 서대문형무소역사관(서울시 서대문구)
• 제암리 3·1운동 순국기념관
　(경기도 화성시)
• 유관순 열사기념관(충청남도 천안시)

1914-1918   1918.11   1919.1   1919.2

제1차 세계대전   신한청년당 결성   파리 강화 회의 개최   2·8독립 선언
(중국 상하이)   (김규식 파견)   (일본 도쿄)

발칸반도란?

유럽 대륙 남동부에 있는 반도로 고대부터 유럽과 이슬람 문화권을 연결하는 역할을 했습니다. 이 과정에서 여러 세력이 뒤섞이며 민족, 언어, 종교가 다양해졌고, 19세기 제국주의 열강의 간섭으로 분쟁이 잦아지면서 '유럽의 화약고'라고 불렸습니다.

동맹국과 연합국이란?

동맹국은 독일, 오스트리아-헝가리 제국을 중심으로 구성되었습니다. 연합국은 프랑스, 영국, 러시아, 일본 등이 주도하였으며 미국은 1917년 참가하였습니다.

▌민족 자결주의가 주장되다 ▌

제국주의 국가 간의 대립은 국제 정세를 크게 변화시켰습니다. 특히 여러 민족과 종교가 대립하고 있던 발칸반도*는 첨예한 이해관계의 대립 속에서 전쟁의 위기감이 높아졌습니다. 이러한 상황에서 사라예보 사건을 계기로 오스트리아-헝가리 제국이 세르비아에 선전 포고를 하였고, 제국주의 열강은 각각의 이해관계에 따라 동맹국과 연합국**으로 전쟁에 가담하였습니다. 이것이 역사상 최초의 세계적 규모의 전쟁인 제1차 세계대전입니다.(1914)

제1차 세계대전은 1918년 11월 막대한 인적·물적 피해를 남기고 연합국의 승리로 막을 내렸습니다. 4년여 동안의 전쟁으로 900만이 넘는 군인이 사망하였고, 2300만 명 이상의 군인이 부상을 입었습니다. 더구나 1900만 이상의 무고한 민간인 사망자를 낳은 것으로 알려지고 있습니다. 전쟁 종결 후 참혹한 전쟁에 대한 반성과 인간의 존엄성과 평등을 강조하는 의식이 전 세계적으로 높아졌습니다.

미국의 윌슨 대통령은 전쟁 막바지인 1918년 1월, 전쟁 후의 영구 평화에 대한 구상을 담은 14개 조항을 발표하였습니다. 구체적으로 윌슨은 세계 평화 수립의 원칙으로 민족 자결주의, 군비 축소, 국제 연맹 창설 등을 주장하였습니다. 그리고 이 원칙은 1919년 1월 승전국들의 전후 처리를 논의하기 위해 파리에서 열린 강화 회의에서 전후 처리의 기준으로 채택되었습니다.

1919.3	1919.4	1919.5	1919.9
3·1운동 발발 탑골 공원 독립 선언서 낭독	대한민국 임시 정부 수립 〈대한민국 임시 헌장〉 반포	5·4운동 발발 (중국)	〈대한민국 임시 헌법〉 공포

특히 민족 자결주의는 강화 회의뿐만 아니라 이후 국제 사회에 큰 영향을 끼쳤습니다. 사실 파리 강화 회의에서 주장된 민족 자결주의는 패전국의 식민지에만 적용되었고, 승전국의 식민지에는 적용되지 않았습니다. 그러나 민족의 문제는 각각의 민족 스스로 결정해야 한다는 민족 자결주의의 원칙은 전 세계의 수많은 약소 민족들에게 용기를 주었고, 식민지에서 민족 운동이 활발해지는 배경이 되었습니다.

더 알아봅시다

사라예보 사건 1914년 6월 28일 보스니아의 수도 사라예보를 방문한 오스트리아-헝가리 제국의 황태자 부부가 세르비아 출신의 청년에게 암살된 사건을 말합니다. 이를 계기로 오스트리아-헝가리 제국은 세르비아와 전쟁을 개시하였고, 이 전쟁에 세계 각국이 참가하면서 제1차 세계대전이 시작되었습니다.

◀ 사라예보 사건을 묘사한 신문
《La Domenica del Corriere》 삽화

⎮ 비폭력 민족 운동을 준비하다 ⎮

각 민족의 정치적 운명을 스스로 결정해야 한다는 민족 자결주의 원칙은 피압박 민족에게 독립에 대한 희망으로 받아들여졌습니다. 1918년 11월 중국 상하이에서 조직된 신한청년당(新韓靑年黨)은 세계 정세를 주시하며 독립운동을 구체적으로 준비하였습니다. 먼저 파리 강화 회의에 김규식(金奎植)을 민족 대표로 파견하여 조선 민족의 독립 의지를 알렸습니다. 동시에 장덕수(張德秀)를 일본으로, 여운형(呂運亨)을 시베리아로, 김철(金澈)과 선우혁(鮮于爀)을 국내로 각각 파견하여 이 소식을 전하고 독립운동을 준비하게 됩니다. 또한 미주 지역에서는 한국인들이 조직한 단체인 대한인 국민회(大韓人國民會)의 이름으로 윌슨 대통령에게 청원서를 제출하는 등 민족 자결주의의 이념을 바탕으로 한국 민족의 자결권을 주장하는 외교 활동을 벌였습니다.

국내외로 독립운동을 촉구하는 분위기가 조성되는 가운데,

▶ 파리강화회담에 참석한
　김규식(앞줄 오른쪽 끝)
　ⓒ국사편찬위원회

1919년 2월 8일 일본 도쿄에서 거행된 독립 선언은 독립을 갈망하는 민족 운동의 불씨가 되었습니다. 일본 도쿄에서 유학하던 학생들은 1월 재일본 조선 청년 독립단을 결성하여 일본과 국제 사회에 한국의 독립을 주장하는 구체적 운동을 시작할 것을 결의하였습니다. 조선 청년 독립단은 재일 유학생들의 독립운동 소식을 알리기 위해 국내에 송계백(宋繼白)을 파견하기도 하였습니다. 마침내 2월 8일 한국 독립의 필연성과 정당성을 천명한 독립 선언서를 작성하여 각국 대사관, 일본 정부 요인, 조선 총독부, 신문사 등에게 우편으로 발송한 후, 조선기독교청년회관에 모여 독립 선언서를 낭독하고 독립 만세를 외쳤습니다. 조선기독교청년회관에 모여 독립 선언서를 낭독하고 독립 만세를 외쳤습니다. 이를 2·8독립 선언이라고 부르며 3·1운동의 직접적인 도화선이 된 사건이라고 할 수 있습니다. 2·8독립 선언 이후 일본에서 귀국한 유학생들은 3·1운동에서

더 알아봅시다

기미 독립 선언서 기미 독립 선언서(己未獨立宣言書)는 1919년 3·1운동 때 민족 대표 33인이 한국의 독립을 선포한 선언서로, 통상 3.1독립 선언서라고 불립니다. 총 1762자로 된 독립 선언서에는 민족 독립의 의지와 당위성을 국내외에 선포하고, 인도주의에 입각한 비폭력적이고 평화적인 방법으로 민족 자결과 자주독립을 이룰 것을 명시하고 있습니다.

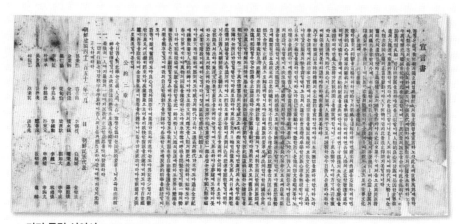

▲ **기미 독립 선언서** ©대한민국역사박물관

선도적 역할을 하였습니다.

국내에서도 국제 정세의 동향에 주목하면서 전국적인 만세 운동을 추진하게 됩니다. 각각 독자적으로 독립운동을 준비하던 천도교계, 기독교계가 손을 잡았고, 불교계도 가세하여 거족적이고 일원화된 독립 선언을 계획하였습니다. 이들은 민족의 독립 의지를 일본과 전 세계에 표명하기 위해 대중적, 일원적 비폭력 운동을 전개한다는 방침을 원칙으로 삼았고, 3월 1일 대규모 만세 운동을 벌이기로 계획하였습니다. 2월 27일 종교계는 33인의 민족 대표를 최종 선정하였습니다. 각 교파별로 보면 천도교에서 손병희(孫秉熙)를 비롯한 15명, 기독교에서는 이승훈(李昇薰)을 비롯한 16명, 불교에서는 한용운(韓龍雲)을 비롯한 2명이 민족 대표 33인을 구성하였습니다. 28일에는 민족 대표 33인의 이름이 적힌 독립 선언서와 태극기가 인쇄되어 종교 교단과 학생 단체를 통해 여러 지역으로 배포되었습니다.

▌독립 만세 운동이 전국적으로 일어나다 ▌

1919년 3월 1일 정오, 서울을 비롯하여 평양, 진남포, 선천, 원산 등지

▶ 3·1운동(Red Cross pamphlet on March 1st Movement)
"한국인들이 손을 들어 '만세'를 외치고 있다. 누구도 무장하지 않았다."

에서 동시다발적으로 독립 선언식이 이루어지면서 전국적 독립 만세 운동이 시작되었습니다. 원래 민족 대표 33인은 탑골 공원에서 독립 선언서를 낭독할 계획이었으나, 혹시 모를 폭력 사태를 우려하여 인사동 태화관에 모여 독립 선언서를 낭독하고 만세 삼창한 뒤 일본 경찰에 자진 체포되었습니다. 이에 탑골 공원에서 대기하고 있던 학생들의 주도로 독립 선언서를 낭독한 뒤 거리에 나가 '대한 독립 만세'를 외치며 행진을 시작하였습니다. 시위 대열에 수많은 군중들이 가세하면서 서울은 만세 소리로 가득하였습니다. 이날 시위대는 독립 선언서에서 밝힌 대로 질서를 유지하며 폭력을 행사하지 않는 비폭력 평화 시위를 벌였습니다. 그러나 총독부는 군대와 경찰을 동원해 시위를 무력으로 진압하였고, 이 과정에서 수백

더 알아봅시다

▲ 유관순 수형기록표 ⓒ독립기념관

유관순 이화학당 고등부 1학년이었던 유관순(柳寬順, 1902-1920)은 3·1운동이 일어나자 곧장 만세 운동에 참가하였습니다. 만세 시위 도중에 경무총감부에 붙잡히기도 하였으나, 이화학당 외국 선교사의 도움으로 풀려나게 됩니다. 이후 총독부가 임시 휴교령을 내리자, 유관순은 고향인 병천에 돌아가 독립 만세 운동을 계획합니다. 4월 1일 병천 아우내 장터에서 3000명이 넘는 군중이 모여 만세 운동을 벌였는데, 유관순은 직접 만든 태극기를 나눠 주며 시위대 선두에서 독립 만세를 외쳤습니다. 일제의 무력 진압으로 유관순의 부모님을 비롯하여, 많은 사람들이 죽고 다쳤습니다. 주동자로 잡힌 유관순은 공주지방법원에서 징역 5년형을 언도받고 서울 서대문형무소에 수감되었습니다.(1920년 4월 영친왕의 혼인에 의한 특사로 형이 1년 6개월로 감형됨) 유관순은 형무소 안에서도 독립 만세를 외쳤고, 그때마다 혹독한 고문과 매질을 당해 건강이 악화되었습니다. 결국 유관순은 1920년 9월 28일 19세의 나이로 옥중에서 순국하였습니다.

범례
● 대규모 시위 발생지(1만 명 이상)
● 소규모 시위 발생지

백두산

함경북도

강계

평안북도   함경남도

의주   삭주
용천   함흥
선천   영변
철산   정주 안주
              평안남도
함종   성천   고원
      평양
남포
안악   황해도

장연   재령
          개성   경기도
   해주
      고양   서울   강원도
탑골 공원
독립 선언서 낭독   광주
         김포   용인
         수원
제암리 사건   아산   안성
              천안
         서산   충청북도

유관순의   공주
독립 만세 운동   금산
         군산   경상북도

              전주
         정읍   대구
전라북도
         남원   진주
         광주   부산
         하동
              경상남도
목포   전라남도

동 해

황 해

제주

▲ 3·1운동 봉기 지역

여 명이 체포 또는 구금되었습니다.

3·1운동은 순식간에 전국 주요 도시로 확산되었습니다. 수많은 학교에서 동맹 휴학이 벌어졌고, 상인들은 가게 문을 닫고 만세 운동에 참여하였으며, 노동자들도 동맹 파업 등을 통해 시위에 동참하였습니다. 3월 중순 이후로는 각 지방 농촌 구석구석까지 확산되었습니다. 이렇게 전국적으로 운동이 급속히 확산되는 데는 종교단체는 물론 청년·학생들의 역할이 컸습니다. 이들은 각 지역에 독립

더 알아봅시다

제암리 사건 1919년 4월 15일 일본군은 제암리 주민 가운데 15세 이상의 남성들을 제암리교회(현 경기도 화성시 향남읍 소재)에 모이도록 했습니다. 남성들이 교회에 모이자 교회를 포위한 군인들은 문을 잠근 후, 창문을 통해 무차별 사격을 개시했습니다. 사격이 끝난 후에는 교회에 불을 질렀는데, 바람이 세게 불면서 교회 아래쪽 집들에까지 옮겨 붙었고, 교회 위쪽 집들은 군인들이 직접 다니며 방화하는 만행을 자행하였습니다. 제암리 사건에 대한 진상 조사는 당시는 물론 해방 이후에도 제대로 이루어지지 않아 정확한 희생자 수를 확정하기 어렵습니다.

제암리 사건의 참상은 당시 한국에 거주하던 서양인들을 통해서 세계에 알려질 수 있었습니다. 미국과 영국, 프랑스 영사관들은 제암리 사건을 본국 정부에 보고했고, 인도적 차원에서 총독부에 항의하기도 하였으며, 민간 차원의 모금 활동을 통해 피해자들을 도왔습니다. 그러나 이들 제국주의 국가들은 파리 강화 회의에 자신들과 같이 승전국으로 참가하고 있던 일본에 대해 별다른 외교 조치를 취하지는 않았습니다. 그럼에도 일부 선교사들은 본국의 선교 본부에 보고서를 제출하고, 영자 신문에 글을 기고하여 사건의 진상을 알리기 위해 노력했습니다. 장로교 선교사 스코필드(F. W. Schofield)는 제암리 사건 소식을 듣고 곧장 제암리로 찾아가 현장 사진을 찍고 '제암리 대학살 보고서'를 작성했습니다. 이 보고서들은 선교 본부에 보내져 영자 신문에 익명으로 기고되어 전 세계에 사건의 진상이 전해질 수 있었습니다.

▲ **불타버린 제암리교회** ⓒ국사편찬위원회 우리역사넷

5·4운동이란?

제1차 세계대전의 승전국들이 파리 강화 회의에서 패전국인 독일이 중국에서 갖고 있던 모든 이권을 중국에 돌려주는 것이 아니라 승전국 일본이 계승한다는 데 합의하자, 이에 격분한 베이징의 학생들이 5월 4일 천안문 광장에서 벌인 대규모 시위운동을 말합니다. 이 운동은 애국 운동에 그치지 않고 반봉건주의 운동으로 발전하여 전국으로 확산되었습니다.

선언서를 비롯한 각종 유인물과 시위 경험을 전파하였고, 각종 비밀 결사를 조직하여 시위를 이끌었습니다. 3월 1일 이후 약 두 달 동안에만 전국에서 1500회 이상의 만세 시위가 벌어졌습니다. 이는 당시 전국 218개 군(郡) 중 211개 군에서 일어난 전국적 시위였습니다. 이처럼 3·1운동은 학생과 교사, 상인, 노동자, 기생과 걸인 등 계층과 신분, 남녀노소 관계없이 누구나 자발적으로 참여했던 한국 역사상 최대 규모의 민족 운동이었습니다.

한편 3·1운동의 열기는 국외로도 확산되었습니다. 만주와 연해주 지역에서는 연일 대규모 시위가 전개되었고, 일본의 도쿄, 오사카 등에서도 유학생들이 모여 독립 만세를 외쳤습니다. 미국에 거주하던 동포들도 독립 기념식을 열고 일본과 국제 사회를 향해 독립을 요구하는 집회와 시위를 벌였습니다.

독립 만세 운동이 전국적으로 확대되면서 일제는 만세 운동의 주모자를 체포하고 무력 진압을 통해 시위대를 강제 해산시켰습니다. 이 과정에서 수많은 사람들이 죽거나 다쳤으며, 체포된 사람들은 혹독한 고문으로 어려움을 겪기도 하였습니다. 특히 1919년 4월에 발생한 제암리 사건은 일제의 무자비한 탄압을 잘 보여줍니다. 이처럼 3·1운동은 일제의 무차별 탄압으로 진압되었고, 결국 민족의 독립을 이루지는 못하였습니다. 그러나 3·1운동은 세계사적으로 유례가 없는 약소민족의 반제국주의 저항 운동이었다는 점에 큰 의미가 있습니다. 또한 군대와 경찰에 의한 폭력적인 무단 정치라는 기존의 통치 방침을 바꿔 문화 정치로 전환시킨 계기가 되었고, 중국의 5·4운동*을 비롯한 반제국주의 민족 운동에 영향을 끼치기도 하였습니다.

대한민국 임시 정부를 세우다

3·1운동의 발발은 독립운동을 체계적으로 수행하기 위한 조직적
인 기구의 필요성을 깨닫게 하였고, 운동 직후 국내외에서 여러 임
시 정부가 수립되었습니다. 1919년 3월 연해주에서 최초의 임시 정
부인 대한국민의회가 수립되었고, 4월에는 서울과 상하이에서 각
각 임시 정부가 추진되었습니다. 특히 망명한 독립운동가가 다수 거
주하고 있던 상하이에서는 4월 10일 임시 정부를 수립하기 위한 사
전 절차로서 임시의정원(臨時議政院)을 구성했습니다. 임시의정원은

더 알아봅시다

〈대한민국 임시 헌장〉과 〈대한민국 임시 헌법〉
대한민국 임시 헌장(大韓民國臨時憲章, 1919.4.11.)
제1조 대한민국은 민주공화제로 한다.
제2조 대한민국은 임시 정부가 임시의정원의 결의에 의하여 통치한다.
제3조 대한민국의 인민은 남녀, 귀천 및 빈부의 계급이 없고 일체 평등하다.
제4조 대한민국의 인민은 종교, 언론, 저작, 출판, 결사, 집회, 통신, 주소 이전, 신체 및 소유의
자유를 누린다.
제5조 대한민국의 인민으로 공민 자격이 있는 자는 선거권과 피선거권이 있다.

...
대한민국 임시 헌법(大韓民國臨時憲法, 1919.9.11.)
제1조 대한민국은 대한인민으로 조직한다.
제2조 대한민국의 주권은 대한인민 전체에 있다.
제3조 대한민국의 강토는 구한국의 판도로 한다.
제4조 대한민국의 인민은 일체 평등하다.
제5조 대한민국의 입법권은 의정원이, 행정권은 국무원이, 사법권은 법원이 행사한다.

...
〈대한민국 임시 헌법〉 제2조에 "대한민국의 주권은 대한 인민 전체에 있다."라는 주권 규정이
처음으로 들어갔습니다. "대한민국은 민주 공화국이다. 대한민국의 주권은 국민에게 있고, 모
든 권력은 국민으로부터 나온다." 라는 오늘날의 헌법 제1조가 바로 이때 탄생한 것입니다.

▶ 대한민국 임시 정부
국무원 성립 기념
(1919.10.11.)
앞줄 왼쪽부터 신익희,
안창호, 현순. 뒷줄 김철,
윤현진, 최창식, 이춘숙
ⓒ도산안창호기념관

국호를 대한민국(大韓民國)으로 정했는데, '대한'은 대한 제국에서 따온 것이고 '민국'은 왕이 없는 정체, 즉 공화정을 목표로 한 것입니다. 4월 11일 〈대한민국 임시 헌장〉이 반포되고 민주 공화국인 대한민국 임시 정부가 탄생하였습니다. 상하이 임시 정부는 안창호(安昌浩)를 중심으로 임시 정부 통합 운동을 시작하였고, 마침내 9월 11일 〈대한민국 임시 헌법〉을 공포하고 이승만(李承晚)을 대통령으로, 이동휘(李東輝)를 국무총리로 하는 통합된 대한민국 임시 정부가 출범하였습니다.

통합 임시 정부를 상하이에 둔 이유는 서양 열강의 조계지가 많아 외교 활동에 유리하고, 각 지역의 독립운동 세력과 연락이 편리하다는 이점 때문이었습니다. 대한민국 임시 정부는 최초의 민주 공화제 정부로서 삼권분립의 원칙에 따라 입법 기관인 임시의정원과 행정 기관인 국무원, 사법 기관인 법원으로 구성되었습니다. 일제 강점기라는 상황 속에서 정당한 주권 행사는 어려웠지만, 최초의 국민의 나라로서 수립된 대한민국 임시 정부의 의미는 현재 대한민국의 헌법 전문에서도 잘 확인할 수 있습니다.

임시 정부는 세계 열강으로부터 승인을 받고, 독립을 위한 국제 사회의 지원을 이끌어 내기 위해 적극적인 외교 활동에 주력하였습니다. 그 결과 중국 정부의 승인을 받고, 소련의 레닌으로부터 독립운동 자금을 지원받기도 하였습니다. 또한 임시 정부는 국내외의 독립운동을 효율적으로 전개하기 위해 연통제(聯通制)를 실시하고, 독립운동 세력과의 원활한 연락망을 구축하기 위해 교통국을 설치하기도 하였습니다. 연통제는 극비의 비밀 행정 조직으로서 임시 정부의 재정 확보, 제정되는 법령이나 공문 등을 국내에 전하였습니다. 또《독립신문》을 간행하고, 국내외 동포에게 독립운동 소식을 알리는 등 독립 의식을 높이고자 하였습니다.

이 외에도 임시 정부는 만주 지역의 무장 투쟁에도 참여하였습니다. 남만주에서 광복군 사령부, 광복군 총영 등을 통해 무장 투쟁을 전개하였고, 서로 군정서, 북로 군정서 등 유력한 독립군을 군무부 산하로 편제하기도 하였습니다. 그러나 독립군의 대부분은 임시 정부와 별개로 활동하는 경우가 많았고, 임시 정부도 무장 투쟁보다는 외교 활동에 더 많은 힘을 쏟았습니다.

임시 정부는 1921년 일제의 계속된 탄압으로 교통국와 연통제 조직이 사실상 와해되면서 자금 조달과 운영에 어려움을 겪었습니다. 또한 1925년에는 운동 세력의 분열로 인한 난관을 극복하기 위해 기존의 헌법을 개정해 대통령제를 폐지하고 집단 지도 체제로 전환하여 체제를 재정비하기도 하였습니다. 이처럼 대한민국 임시 정부는 수립 후 여러 차례의 위기와 세력 약화, 운동 세력의 분화 등으로 어려움을 겪었지만, 1945년 8월 15일 일제가 패망할 때까지 여러 독립운동 단체를 대표하는 통합기구로서 유지되었다는 점에 의의가 있습니다.

시청해 봅시다

3·1운동은 민족의 독립을 염원하는 비폭력 평화 운동이었습니다. 관련 영상을 감상해
보고 3·1운동이 어떻게 전개되었는지 생각해 봅시다.

- 드라마 〈그날이 오면〉, KBS(2019)
- 영화 〈암살〉(2015)
- 영화 〈항거:유관순 이야기〉(2019)
- 영화 〈1919 유관순〉(2019)

근대 도시의
성장과 발전

경성(서울)과 같은 대도시를 중심으로 철도, 통신 등 각종 근대 시설이 들어서기 시작하였습니다. 전차, 전기, 전화 시설이 확대되고 관공서, 은행, 백화점, 학교, 병원 등이 들어서면서 도시의 풍경도 이전과 크게 달라졌습니다. 카페, 극장, 영화, 음반 회사 등도 들어서고 공원과 식물원, 박물관 같은 문화 시설도 정비되면서 사람들의 생활 양식도 변화하였습니다. 신여성, 모던 걸과 모던 보이의 등장은 당시 빠르게 변화하는 경성을 상징적으로 보여주기도 합니다.

• 당시 변화하는 경성(서울)을 살펴보면서 도시화와 근대화에 대해 생각해 봅시다.

▼ 근대화와 도시의 발달
- 서울역사박물관(서울시 종로구)
- 배재학당 역사박물관(서울시 중구)
- 호남관세전시관, 옛 군산 세관
  (전라북도 군산시)
- 서울대학교 의학박물관(서울시 종로구)

- 한국은행 화폐박물관(서울시 중구)
- 신문박물관(서울시 종로구)
- 목포 근대역사관(전라남도 목포시)
- 부산 근대역사관(부산시 중구)
- 대구 근대역사관(대구시 중구)

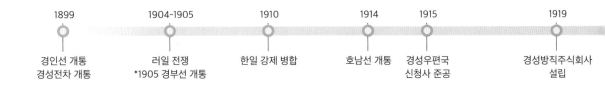

1899
경인선 개통
경성전차 개통

1904-1905
러일 전쟁
*1905 경부선 개통

1910
한일 강제 병합

1914
호남선 개통

1915
경성우편국
신청사 준공

1919
경성방직주식회사
설립

산업 구조의 변화와 교통의 발달로 도시화가 진행되다

1920년대 일제는 자국의 공업 성장으로 발생한 잉여 자본을 투자하기 위해 한국의 식민지 공업화가 필요하였습니다. 회사령의 폐지로 한국인들이 기업을 세우고 일본 기업이 한국에 진출하면서 공장이 늘어났습니다. 그러나 한국인 기업 수와 자본금은 일본인 기업에 비해 적었습니다. 한국인들도 돈을 모아 공장을 짓고 기업을 운영하기 시작하였는데, 1919년에 세워진 경성방직주식회사는 전국적으로 유명한 자산가들이 투자하여 만든 대표 기업입니다. 전국 여러 곳에 공장이 세워지고 상업과 무역 회사도 만들어졌습니다.

영등포를 중심으로 하나둘 공장이 생기고 공업지대가 형성되면서 경성(서울)은 산업도시로서의 모습을 띠게 됩니다. 단순히 공장 수만 늘어나는 것이 아니라 당시 일자리를 찾아 경성으로 몰려드는 사람들이 늘어나면서 노동 인구도 증가하였습니다. 노동 인구의 유입은 다시 공장 부지의 증가로 이어지면서 활발한 공업 활동과 다양한 산업 발달을 촉진시켰습니다. 근대 도시가 발전하기 시작한 것입니다.

교통의 발달도 경성의 변화에 큰 역할을 하였습니다. 인천과 노량진을 잇는 한국 최초의 철도인 경인선(1899)이 개통된 이래 많은 철도가 개통되고 도로도 정비되었습니다. 이후 일제에 의해 발달된 교통망은 일제가 한국 민중의 노동력과 물자를 동원하는 데 활용되었습니다.

1920	1924	1926	1927	1930
회사령 폐지 조선일보·동아일보 창간	조선키네마 주식회사 설립	잡지《별건곤》 창간	경성방송국 개국	미쓰코시(신세계) 백화점 개관

1928년에는 함경선이 개통되면서 철도 노선이 확대되었습니다. 경성역(현 서울역), 용산역, 영등포역과 같은 역사(驛舍)를 통해 국내 이동은 물론 만주와 중국 등지를 오가는 사람도 많아졌습니다. 사람들은 운행 시간이 규칙적이고 정확한 철도를 이용하면서 근대적 시간관념˙이 생겼고, 철도가 기존의 교통수단보다 빨라 이동 시간을 줄일 수 있어 점차 여가 생활이나 여행도 즐길 수 있게 되었습니다. 또한 전차의 운행과 함께 자동차, 항만 등 운송 체계의 변화도 일어났습니다. 이렇게 경제 구조의 변화와 교통의 발달은 경성 외에도 군산, 목포, 신의주, 청진 등 전국적으로 도시의 성장을 촉진시

근대적 시간관념이란?˙

근대적 시간관념을 상징하는 것은 기차와 시계라고 할 수 있습니다. 철도를 이용하는 사람들에게 기차 시간은 반드시 지켜야만 하는 필수 사항이었습니다. 철도 운행 초기에는 기차가 정확한 시간을 대표하는 상징으로서 종종 시계 광고에도 등장하였습니다.

◀《동아일보》1934.8.16
로닌 시계 광고

▶ 1920년대 후반
전국 철도망

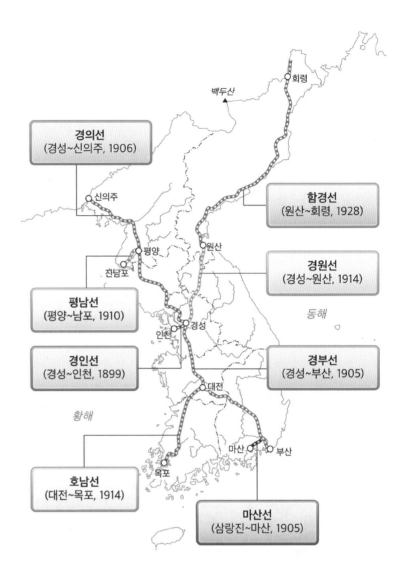

경의선
(경성~신의주, 1906)

함경선
(원산~회령, 1928)

경원선
(경성~원산, 1914)

평남선
(평양~남포, 1910)

경인선
(경성~인천, 1899)

경부선
(경성~부산, 1905)

호남선
(대전~목포, 1914)

마산선
(삼랑진~마산, 1905)

백두산

회령

신의주

평양

진남포

원산

인천

경성

대전

마산

부산

목포

동해

황해

켰습니다.

　경성은 청계천을 경계로 북쪽의 한국인 거리(북촌)와 남쪽의 일본인 거리(남촌)로 나뉘어 도시화가 진행되었습니다. 그 중심은 지금의 종로, 을지로, 충무로였습니다. 지금의 충무로를 중심으로 한 남촌은 일본인 거주지역으로 관공서, 은행, 상점, 백화점 등이 집중적으로 들어서며 경성의 도심을 형성하였습니다. 중앙은행 제도가 도입되어 조선은행에서는 은행권 발행, 어음거래, 예금정산, 대출, 증권

경성의 주택난과 새로운 주거양식 1920년대에 들어서면서 경성의 인구수는 급격하게 증가하기 시작하였습니다. 일제의 토지 조사 사업(1910-1918)으로 설 자리를 잃게 된 농민들이 일자리를 찾아 경성으로 상경하였고, 일본에서도 새로운 일자리를 찾아 건너왔습니다. 이러한 인구의 증가는 경성에 주택난을 초래하였습니다. 날로 심해지는 주택난은 도시 빈민층을 낳게 되고 과밀한 인구 비율로 열악한 주거 환경이 늘어나면서 위생상의 문제(쓰레기, 하수도 처리 등)를 야기하였습니다. 또한 공장과 주택이 혼재하게 되면서 주민들의 불편이 늘어나기도 하였습니다.

이로 인해 주택 양식의 새로운 변화를 추구하게 되었습니다. 위생적이지 못한 주거 환경에 대한 문제를 인식하고 생활개선 및 주택 개량운동이 활발해지면서 '문화주택' 단지가 형성되기 시작한 것입니다. 문화주택은 내부에 부엌과 욕실 등을 둔 서구적인 양식을 도입해 만든 것으로 주택 양식의 새로운 변화를 뜻합니다. 그러나 비싼 분양가로 인해 당시 최고의 직업으로 호평 받던 샐러리맨도

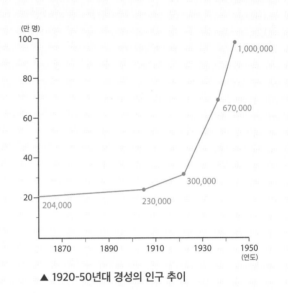

▲ 1920-50년대 경성의 인구 추이

문화주택을 구입하기는 어려웠습니다. 결과적으로 문화주택은 경제적 여력이 뒷받침되는 일본인들의 차지가 되었습니다. 가난한 한국인들은 청계천을 중심으로 토막촌을 형성해 살기도 하였습니다.

◀ 조선토지 경영주식회사의 '이상적인 문화주택지' 분양 광고
ⓒ《조선신문》 1929.3.29

경성우편국은?

경성우편국은 당시 근대식 건축 양식을 잘 보여줍니다. 경성우편국 신청사(1915)는 지금 중구 소공로의 서울 중앙우체국 자리에 세워진 건물이었습니다. 원래 2층짜리 벽돌 건물로 지하 3층의 연건평 1,320평 넓이의 르네상스식 건물로 준공되었습니다. 이 건물은 붉은 벽돌과 석조를 혼합한 외양에 르네상스식의 웅장하고 화려한 구조 양식을 갖고 있었습니다. 당시 조선은행, 경성부 청사, 총독부 청사와 마찬가지로 중앙에는 근대 형식의 돔을 얹었고 창틀은 아치 모양이었습니다.

매입 등의 업무가 진행되었고 어음교환소도 설립되어 상거래가 발달하였습니다. 재판소와 경찰서, 파출소도 설치되어 사법과 치안을 담당하였습니다.

도심의 풍경이 변화하다

경성에는 근대식 건축물도 속속 등장하였습니다. 학교와 병원, 은행과 우정국(우체국), 교회, 성당, 백화점, 극장, 공원 등이 들어서면서 근대적인 도심의 면모를 띠게 된 것입니다.

한일 병합 이전부터 부국강병을 위해 서양식 교육의 필요성이 대두되어 동문학(同文學)과 육영공원(育英公院)과 같은 근대식 학교를 설립하고, 법관 양성소, 무관 학교, 상공 학교 등을 세워 전문직 인재를 양성하였습니다. 의료 기술도 도입되어 1885년 최초의 근대식 병원인 광혜원(이후 제중원으로 개칭)을 설립하는 한편, 의학당, 관립 의학교, 광제원(이후 대한의원으로 확대, 개편) 등을 세워 의료 인력을 양성하였습니다.

외국과의 교섭이 늘어나면서 전신·우편 사업이 발달하였습니다. 전신 사업은 일본 나가사키와 부산 사이의 해저 전선 개통(1884.2)을 시작으로 중국, 일본과 연결하는 국제 통신망을 갖추었습니다. 우편 사업은 우정총국(1884.11)을 설립하여 근대적 우편 제도를 실시하려 하였으나 갑신정변(1884.12)으로 중단되었습니다. 이후 한성우체사(1895)를 비롯하여 각 지역에 우체사를 설립하여 우편 사업을 다시 시작하였고, 1900년부터는 국제 우편 업무도 실시하였습니다. 이후 경성우편국이 개국(1905)하여 한성우체사를 흡수하였고, 1910년에는 총독부로 이관되었습니다. 통신, 우편 시설은 한국인들의 일상에도 편리함을 주었지만, 그보다는 일제의 한국 지배에 저항하는 한국인들을 억압하는 데 유용한 것이었습니다.

무엇보다 전차와 자동차, 전기, 전화 사업은 도로 사업과 더불어 경성의 모습을 완전히 바꾸어 놓았습니다. 도로 위로 전차와 버스가 다니고 전화로 소식을 전하고 밤에는 가로등이 어둠을 밝히는 등 경성은 근대적 도시로 탈바꿈하였습니다.

　　전차는 대한 제국 시기인 1899년 처음으로 서대문에서 종로, 동대문을 거쳐 청량리에 이르는 노선이 개통되었습니다. 당시 동대문에는 전차를 구경하기 위해 전국에서 많은 사람들이 몰려들었습니다. '쇠당나귀'라고도 불렸던 경성 전차는 일제 강점 이후 일본 기업에게 넘어가면서 식민 통치의 수단이 되었습니다. 이후 일본인들이 주로 이용하던 전차 선로가 복선화하고 연장되는 과정에서 사대문 안의 성벽이 무너졌고, 대한 제국 황실의 궁궐도 훼손되었습니다. 비싼 요금이나 교통 사고, 일본인 운전사에 대한 거부감 등으로 한국인들은 이용을 꺼렸습니다. 그러나 '일일승차 24만, 전차통학 3만 명', '교통지옥'과 같은 신문기사가 연일 등장할 정도로 전차는 경성에서 중요한 교통수단으로 점차 확대되었습니다. 도시화, 공업화로 경성의 생활공간이 확장되고, 주민의 이동 거리가 늘어나면서 승객이 비약적으로 증가한 것입니다.

◀ 경성우편국과
　조선은행
　(현 화폐박물관)
　ⓒ서울역사박물관

▶ 조선은행 앞 광장을
　달리는 전차의 모습
　ⓒ서울역사박물관

▶ 서울 대한의원
　(현 서울대학교
　의학박물관)
　ⓒ서울역사박물관

▶ 경성우편국과
　미쓰코시백화점
　경성지점

　　한국 최초의 백화점은 한양상회로 1908년에 설립되었습니다. 당시의 신문광고를 보면 '해외 여러 제조장과 특약을 체결하고 참신 유행의 양호품을 수입하며 우리나라 중앙인 한성 종로에 자리하여 장대한 가옥에 화려한 진열로 우리나라 제일가는 데파트먼트스토아, 즉 최완전한 점포를 이루었나이다'(1910년 1월 1일자 《황성신문》 광고)라고 소개하고 있는 것을 볼 수 있습니다. 이 짧은 광고는 해외수입 상품, 참신 유행, 나라의 중앙, 장대한 가옥, 화려한 진열 등 현대식 백화점이 갖춰야 할 요소들을 망라하고 있는데, 이는 한양상회가 오늘날의 기준으로 작은 규모의 잡화점에 불과했을 것으로 추정되지만, 백화점에 대한 이미지는 20세기 벽두에 이미 형성되었음을 보여줍니다.

　　이후 1920년대 후반, 남촌을 중심으로 소비문화의 대표 장소인 백화점과 고급상점들, 카페나 '빠'와 같은 유흥업소가 등장하였습니다. 부유층을 상대로 한 미쓰코시백화점(현 신세계백화점)이나 중저가 제품을 판매하며 한국인들이 주로 이용하던 조지아백화점(현 영플라자 롯데 자리), 한국인 상인 자본으로 세워진 화신백화점(현 종로타워 자리) 등 백화점 열풍은 경성을 벗어나 전국적으로 확산되기도 하였습니다.

　　백화점은 단순히 소비 공간만이 아니라 호화판 신명물을 전시하는 전시관, 그리고 강습회나 스포츠댄스, 사교홀과 사진실, 미용

사라리맨(Salaried Man)과 쇼프껄(Shop Girl)   1930년대 초에 경성의 한 여자고등보통학교 졸업반 학생 30명을 대상으로 이상적인 신랑감을 조사하였습니다. 가장 많은 대답이 나온 직업이 '사라리맨(Salaried Man)'이었습니다. 의사와 교사, 신문기자, 변호사가 그 다음을 이었습니다 (《삼천리》 7-1, 1935). 이러한 결과는 당시 가난이 일상이었던 식민지 사회에서 샐러리맨(월급쟁이)이 되는 것이 안락한 중산층의 생활을 향한 첫걸음이었음을 나타냅니다.

집세가 폭등하고 전세, 월세 집을 얻기 어려워져 경성 주민의 70%가 열 평도 안 되는 방에 살았고 일자리를 구하지 못한 사람들이 넘쳐나 '도시생활 5계명'이라던가 '투빈(鬪貧)비법'과 같은 처세가 회자되기도 하였습니다. 예를 들어 '도시생활 5계명'은 이발사와 목욕탕 주인과 친해져라, 여관에서는 안주인이나 하인과 친해져라, 아는 친구에게 본인의 주소를 알리지 말라와 같은 내용이 포함되었습니다. '투빈비법'은 돈 없이 전차 타는 법, 돈 없이 생선 얻어먹는 법, 돈 없이 집을 얻어 사는 법 등 가난한 생활에서 살아남기 위한 한국인들의 고투가 담겨 있습니다.

> "돈 없이 전차를 타려거든 남보다 먼저 차에서 내리되 그저 손만 번쩍 들어라. 그러면 차장은 그 뒤에 있는 사람이 차료를 낸다는 의미로 알고 그냥 통과를 시킬 것이다" (《별건곤》 29, 1930.6)

또한 백화점 열풍이 불면서 상품판매원이었던 '쇼프껄(Shop Girl)'이 화제가 되었습니다. 당시 여성 판매원들은 보통학교 이상의 교육 수준과 미모까지 겸비하게 되면서 이른바 '있는 집' 여성 중심의 고급 일자리로 인식되었습니다. 외국 유학생들도 지원하였는데, 그만큼 여성들의 새로운 사회 진출로의 역할을 상징하였다고 할 수 있습니다. 연인과 배우자를 찾는 남성들이 여성 판매원들을 보기 위해 문전성시를 이루었다고 합니다.

실과 영화관 등의 각종 편의시설도 갖춘 문화센터로서의 역할도 하였습니다. 옥상에는 대형 전광판을 설치하여 최초로 옥외 광고를 내걸기도 하였습니다.

문화 도시 경성, 생활 양식을 바꾸다

근대식 건축물의 등장 등 도시화는 사람들의 생활 양식도 변화시켜 의식 수준도 바뀌었습니다. 라디오 방송과 음반, 영화의 보급 등과 같은 대중문화도 유행하여 경성은 명실상부한 '문화 도시'로 성장하게 됩니다.

근대 신문은 근대적 민권의식과 민족의식을 일깨우는 역할을 하였습니다. 1883년 박문국에서는 최초의 신문인 순한문체의 《한성순보》를 발행하였습니다. 1896년에는 순한글을 사용한 《독립신문》이 창간되고, 《황성신문》, 《제국신문》, 《대한매일신보》 등이 잇달아 창간되어 지식인뿐만 아니라 민중들의 계몽에도 도움을 주었습니다. 그러나 일제 강점기에 들어서면서 무단 통치 기간에는 민족지를 모두 없애고 한국인에게는 신문 발행을 허가하지 않았습니다.

일제가 언론을 통제하게 되면서 총독부의 기관지인 《매일신보》 외에 신문 발행이 허가되지 않다가, 3·1운동 이후 '문화통치'로 전환하면서 《조선일보》, 《동아일보》 등 한국인의 신문 발행이 가능해졌습니다. 아울러 1920년대에는 대중을 대상으로 한 종합 잡지가 많이 발간되었습니다. 천도교에서 발간한 《개벽》은 정치, 사회, 문학 등을 다루었고, 개벽사에서 발간한 《별건곤》(1926)은 취미 등을 위주로 한 잡지였습니다. 여성들은 《삼천리》, 《신여성》 등을 통해 유행의 흐름을 따르기도 하였습니다.

대중문화를 견인한 것은 레코드였습니다. 레코드는 소리를 기록하였다가 축음기에 올려서 재생하는 원반 형태의 음반으로, 개항 이후 유입되었습니다. 이후 1920년대에 대중가요가 유행하고 축음기와 라디오가 보급되면서 레코드를 찾는 사람들이 점차 늘었습니다.

1923년에는 토월회를 중심으로 신극 운동이 전개되었고, 1931년에는 극예술연구회가 만들어져 연극 공연이 활성화되면서 1935년에는 동양극장이라는 연극 전용 극장이 최초로 설립되기도

라디오는?

라디오는 음악과 드라마 등 새로운 형태의 대중문화를 전파한 근대 문화의 창구이기도 하였습니다. 경성방송국은 1927년 2월 16일부터 전파를 송출하기 시작하여 라디오 방송을 본격화하였습니다. 시험 방송이 시작된 것은 이미 몇 해 전이었지만 이상한 기계에서 흘러나오는 사람의 음성을 듣기 위해 사람들이 구름처럼 모여들어 당시 상당한 관심을 불러일으켰습니다. 하지만 중일 전쟁(1937), 태평양 전쟁(1941)으로 전시체제가 시작되면서 라디오는 한국인의 일상을 통제하는 수단, 전시 동원을 위한 도구로 전락하고 말았습니다.

하였습니다. 1920년대에는 영화도 대중문화의 한 분야로 자리 잡게 됩니다. 1918년 단성사가 복합연회장에서 영화관으로 재개관하게 되었고 1922년에는 조선극장도 문을 열었습니다. 1924년 최초의 영화 제작사인 조선키네마주식회사가 부산에서 설립되면서 영화 제작도 활기를 띠었고, 1930년대에는 서양 영화가 영화관에서 상영

더 알아봅시다

모던 걸, 모던 보이 경성의 인구 변화 및 생산성 증대, 백화점과 같은 특정 장소를 매개로 한 소비문화의 확산, 서구적 스타일의 유행 등은 1920년대 중반에서 1930년대 중반 사이 큰 변화를 일으켰습니다. 영화 〈모던 보이〉(2008)에서도 등장하는 모던 보이, 모던 걸의 등장이 그것입니다. 여성 잡지 《신여성》(1923)은 자유 연애와 평등 의식이 확산되는 당시의 문화적 변화를 담아냈고, 이러한 신여성은 모던 걸로서 모던 보이와 함께 의상, 두발, 장식, 언어, 의식 등에서 자신의 주체성을 드러냈습니다. 그러나 서양식 모자에 나팔바지 차림의 모던 보이나 똑같은 머리 모양과 치마에 하이힐을 신은 모던 걸들의 허세와 위선을 비판하는 목소리도 있었습니다.

모던 보이의 산보

꼬리 피는 공작

▲ 모던 보이, 모던 걸

되었으며, 변사가 대사를 읽던 무성 영화를 대신하여 유성 영화가 만들어졌습니다.

의복과 식생활 역시 변화하기 시작하는데, 1900년 이후 서양식 복장을 착용하기 시작하고 여성들은 개량 한복을 입기 시작하였습니다. 고무신, 운동화, 구두, 양복 등이 확산되었고 여학생들 사이에는 단발머리가 유행하는 등 서양식 복장이 점차 보편화되었습니다. 서양 요리와 커피, 아이스크림, 맥주, 중국의 호떡, 찐빵, 일본의 우동, 어묵, 초밥 등이 소개되었습니다. 그러나 일반 서민들은 쌀이 부족하여 잡곡밥이나 심지어 나무껍질 등을 먹기도 하였습니다.

시청해 봅시다

경성의 도시화 이후 가장 두드러진 변화는 무엇일까요? 관련 영상을 감상해 보고 함께 생각해 봅시다.

• 드라마 〈경성 스캔들〉, KBS2(2007) • 영화 〈모던 보이〉(2008)
• 드라마 〈이몽〉, MBC(2019)

해외 한인 사회의 형성

한국인의 초기 이민은 중국, 만주, 러시아, 중앙아시아, 일본 등과 같이 한국과 지리적으로 근접한 곳으로 시작되었습니다. 19세기에 일본과 중국에서는 서구권으로의 집단 이주가 시작되었습니다. 한국에서도 20세기 초반부터 미국과 멕시코 등으로 이주하는 사람들이 있었습니다. 또 일제 강점기에도 독립운동을 위해 혹은 먹고살기 위해, 혹은 일제의 강제 동원에 의해 만주나 일본, 심지어는 남태평양으로까지 간 한국인들도 적지 않았습니다. 1950년에는 한국 전쟁으로 인해 발생한 많은 전쟁고아와 전쟁미망인이 미국으로 이주하였지만, 본격적인 이주는 1960년대 이후부터 진행되었습니다. 1965년 미국에서 통과된 새로운 이민법은 미국으로 떠나는 이민을 가속화시켰습니다. 한편 1960년대에 서독과 〈근로자채용협정〉을 맺고, 브라질 이민이 시작되면서 유럽과 남미 등으로 진출할 수 있게 됩니다.

• 한국이민사박물관에 방문해 보면서 한국의 이민 역사를 살펴보고 해외 한인 사회가 어떻게 형성되었는지 생각해봅시다.

찾아가 봅시다

▼ 한국 이민의 역사
• 한국이민사박물관(인천시 중구)
• 남해 파독전시관(경상남도 남해군)
• 동북아 디아스포아 디지털 아카이브
  (http://archive.hansang.or.kr/main/)

• 한국인, 세계 속에 뿌리내리다
  국가기록원 기록으로 만나는 대한
  민국(http://theme.archives.go.kr/next/
  koreaOfRecord/immigration.do)

19C 중반	1902	1916	1937	1938
조선 농민들 러시아, 만주로 생계형 이주	하와이 사탕수수 농장에서 한국인 모집	한인 노동자 일본 취업 이주 시작	스탈린의 한인 이주 정책	일제 국가 총동원법 제정

▍ 한인 디아스포라의 역사를 숫자로 살펴보다 ▍

한국인은 중국인, 유태인, 인도인, 이탈리아인과 함께 세계에서 가장 큰 디아스포라 커뮤니티 중 하나입니다. 1970년대에서 2000년대 후반까지의 한인 디아스포라의 확대는 아래 그래프에 잘 나타나 있습니다. 해외에 영구적으로, 또 일시적으로 체류하는 한국인의 숫자는 1971년 70만 명에서 2000년 후반 약 700만 명으로 증가하였습니다. 1990년에서 1991년에는 230만 명에서 480만 명으로 거의 두 배나 증가하였는데, 그 이유는 동구 공산권이 붕괴하면서 공산주의 국가에 체류하고 있던 한국인이 집계되었기 때문입니다. 그 이전에는 이들을 북한(조선 민주주의 인민 공화국) 소속으로 집계하였으나 1988년 서울 올림픽 개최 이후 공산주의 국가들은 한국과 외교, 경제 관계를 맺기 시작하면서 남한(대한민국)을 한국을 대표하는 나

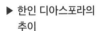

▶ 한인 디아스포라의 추이

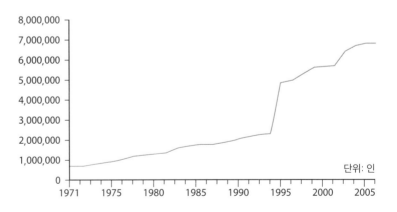

단위: 인

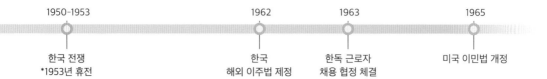

라로 인정하게 되었습니다. 이에 따라 공산주의 국가에 체류하는 재외 동포들이 갑자기 한인 디아스포라로 편입된 것입니다.

자발적 해외 이주의 역사가 시작되다

한국은 전근대 시기까지 쇄국 정책으로 인해 사실상 세계와 단절되어 있었습니다. 조선시대의 어업과 무역은 해안 지역으로 제한되었습니다. 상인, 선교사, 군인과 같은 세계 각지를 오가는 연결망이 없어 한반도 밖으로 나간 한국인도 거의 없었습니다. 하지만 조선 후기 1860년대에 가뭄이 계속되고 관료들의 부정부패와 불안정한 정세로 인해 많은 백성(농민)들이 새로운 기회를 찾아 다른 지역으로 떠나게 되었습니다. 이 시기의 이주를 한인 이주 역사 제1의 물결로 정의할 수 있습니다.

이들은 비옥한 땅이 많은 만주와 러시아 연해주(시베리아 동남의 동해 접경 지역)로 가서 정착하면서 오늘날 중국과 러시아에 많은 한국인이 살게 된 배경이 되었습니다. 만주의 한국인은 1860년 8,000명에서 1910년 20만 명까지 증가하였고, 러시아 연해주에 머문 한국인은 1882년 1만 명에서 1908년 4만 5,000명으로 증가하였습니다. 정부의 공식적인 승인이 없이 진행된 첫 번째 이주의 물결은 이후의 다른 이주와는 다르게 한국인의 자발적인 선택으로 이루어졌습니다.

하와이 이주 한인 한국인의 북미(북아메리카)로의 이주는 1902년 미국의 호레이스 알렌(Horace N. Allen)이 하와이의 사탕수수와 파인애플 농장에서 일할 한국인들을 모집하면서 시작되었습니다. 알렌은 1884년 선교사로 한국에서 고종 황제의 주치의로 활동하며 신임을 얻어 양국의 핵심적인 중재자 역할을 하였는데, 하와이 사탕수수 농장의 연합조직과도 긴밀한 관계에 있었습니다. 19세기 중엽부터 설탕의 수요가 빠르게 증가하여 하와이에 사탕수수 재배지가 확장되었으며 초기에는 중국인과 일본인 노동력을 이용하였습니다. 하지만 1882년 중국인 배척법이 통과되어 중국인의 이민이 금지되었고, 일본인 노동자 수가 늘면서 노동 운동을 조직적으로 시작하자 이를 막기 위해 한국인 노동자로 눈을 돌리게 되었습니다. 이 시기에 약 7,000명 이상의 사람들이 64차례에 걸쳐 하와이로 이주하였습니다. 하지만 1905년에 일본의 압력으로 대한 제국 외무부는 하와이로 향하는 한국인에 대한 여권 발급을 중단하게 되었고 하와이로의 이민 역시 중단되었습니다.

▲ 갤릭호, 20세기 초 한국인 노동 이민자를 하와이로 수송한 배 ©한국이민사박물관

▌일제 강점기, 강제적인 해외 이주가 시작되다 ▌

한인 이주 역사에서 제2의 물결은 일제 강점기에 나타났습니다. 1905년까지 약 7,000명 이상의 한국인이 현재 미국령인 하와이의 사탕수수 농장 노동자로 모집되었습니다. 하지만 일본은 1910년 공식합병 이전부터 한반도에 외교적 통제를 시작하였고 이들의 여권 발급을 중단하도록 한국 정부를 압박하였습니다.

또한 이 시기 많은 한국인들이 일제의 통치에서 벗어나 더 나은 삶을 찾아 만주로 이주하였습니다. 일제의 한국 통치가 시작된 초기부터 해방까지 만주 지역의 한국인 디아스포라는 22만 명에서 160만 명으로 급증하였습니다. 제2차 세계대전 이후 중국의 국공 내전에서 공산당이 승리하고 만주는 중국 영토로 흡수되었는데, 이 때 이 지역에 살고 있던 조선족은 중국인으로 편입되었습니다. 이 들은 1979년부터 시행된 중국의 1자녀 정책에서 제외되어 가구당 2명까지 자녀를 둘 수 있었으며 이는 만주 지역에서 한인 디아스포라가 크게 증가한 비율을 부분적으로 설명해줍니다.

한편 일본의 식민 통치로 한국인은 근로자나 학생 신분으로 일본으로 이주하였습니다. 한국인 근로자는 일본인보다 임금이 훨씬 낮았는데 1930년 세계 대공항이 일본에까지 영향을 미치자 일본 정

조선족이란?

조선족은 중국 지역에 거주하고 있는 중국 국적을 가진 한국인을 지칭합니다.

▼ **만주로의 집단 이주**
1932년부터 1937년까지 만주 개척과 항일 독립운동을 약화시키기 위해 일본은 한반도의 삼남지방 농민들을 집단으로 이주시켰습니다.

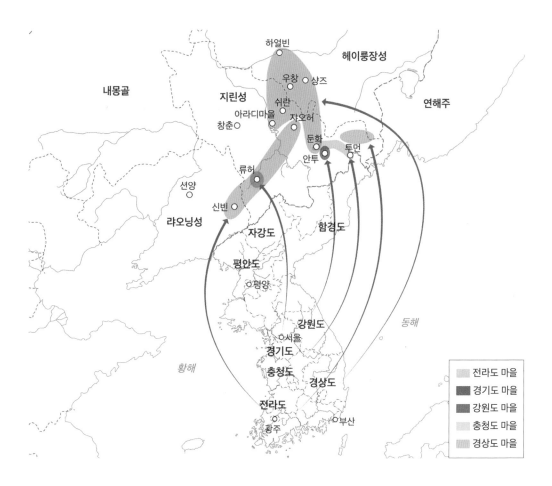

부는 한국인의 이주를 제한하였습니다. 이후 1937년 일본은 제2차 세계대전을 준비하면서 한국의 노동력을 이용하기 위해 다시 한국인을 강제 이주시켰습니다. 일본은 1938년 국가 총동원법을 제정하여 약 70만 명의 한국인을 강제 동원하여 현재 러시아 지역인 사할린과 일본의 공장이나 광산 지역으로 보냈습니다. 일본의 한인 디아스포라는 1910년 800명에서 1944년 190만 명까지 늘었습니다. 제2차 세계대전에 패전한 다음인 1952년 일본 정부는 많은 한국인들의 일본 시민권을 박탈하고 사회복지 혜택을 제한하며 다시 한반도로 돌아가도록 강요하였습니다. 제2차 세계대전 이후 일본의 한인 디아스포라는 190만 명으로 중국의 한인 디아스포라 160만 명보다 많았으나, 현재는 일본보다 중국의 한인 디아스포라가 훨씬 큰 비중을 차지합니다.

스탈린의 한인 이주 정책으로 중앙아시아로 추방되다

한인 이주 역사에서 제3의 물결은 제2의 물결로부터 간접적인 영향을 받아 나타났습니다. 제1의 물결에서 수백만 명의 한국인들이 국경을 넘어 러시아 연해주와 만주에 도착하였습니다. 1860년대 러시아의 남하정책으로 러시아는 한국과 국경 접경지가 되었고, 이 지역에 살고 있던 한국 이민자들은 러시아 제국의 일부가 되었습니다.

그러나 연해주 지역의 한국 이민자는 상당히 큰 규모였기 때문에 러시아는 이를 안보적인 위협으로 생각하였습니다. 따라서 1904년 러일 전쟁이 일어나면서 한국인을 시베리아 서부나 러시아 북부로 추방하려는 계획을 세웠습니다. 그리고 1937년 소련의 지도자였던 스탈린은 한인 이주 정책을 시행하여 17만 명의 한국인을 중앙아시아(우즈베키스탄과 카자흐스탄 등지)로 강제 추방하였습니다. 현재는 우즈베키스탄에서 13만 8,000명, 카자흐스탄에서 7만 4,000명,

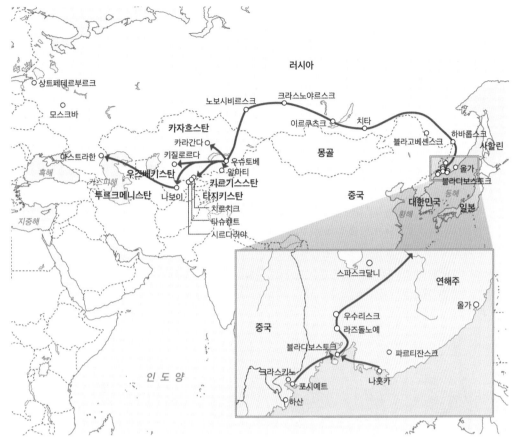

▲ 중앙아시아로의 집단 이주
일본의 만주 침략 이후 스탈린은 소련과 일본 사이에 긴장이 고조되자 연해주에 거주하던 고려인들을 중앙아시아로 강제 이주시키는 조치를 취하였습니다.

키르기스공화국에 3,600명의 한국인(고려인*)이 살고 있습니다. 러시아 연방의 많은 한국인들은 19세기 후반부터 시베리아 지역으로의 자발적 이주, 일제 강점기의 사할린 섬과 만주 지역으로의 이주, 그리고 1937년 스탈린의 강제 추방으로 인해 생겨났습니다.

고려인이란?*

고려인은 러시아와 우크라이나, 카자흐스탄, 우즈베키스탄, 몰도바, 벨라루스, 투르크메니스탄 등 구 소련 지역에 거주하고 있는 해당 국가 국적의 한국인을 지칭합니다.

일본 이주 한인(자이니치) 일제 강점기인 1910년부터 1945년까지 한국인들은 광부나 농부로 일본에 건너갔습니다. 하지만 일본은 한국의 독립운동에 대한 두려움과 한국인들과의 경쟁으로부터 일본인 노동자를 보호하기 위해 1930년대 후반 한국인의 이민을 막았습니다. 그러나 1937년 중일 전쟁 이후 노동력 부족이 심화되자 일본 정부는 식민지 조선인에 대한 강제 징용 정책을 추진하였습니다. 군사산업 등에 강제 징용으로 끌려간 조선인들은 후쿠오카, 야마구치, 나가사키, 오사카, 효고, 히로시마, 가나가와, 홋카이도, 오키나와 등 일본 전역에 위치한 탄광과 제철소에서 야만적인 노예의 삶을 강요당하였습니다. 또한 사할린의 한국인 광부들은 1944년 8월에 일본 정부로부터 징용령을 받아 일본 본토의 나가사키, 이바라키, 후쿠시마, 후쿠오카의 탄광으로 재배치되었습니다. 이른바 '이중 징용'을 당하게 된 것이었습니다.

일본에서 조선인들은 차별을 당하였기 때문에 5명 중 3명은 가난하게 살았습니다. 한편 북한은 1959년부터 귀향 캠페인을 시작하였는데 대부분의 조선인은 남한 출신임에도 불구하고 약 8만 명의 사람들이 일본을 떠나 직업과 교육, 집과 사회복지를 제공해 준다는 북한으로 갔습니다. 하지만 북한으로 간 그들은 예상과는 달리 차별을 받았고 다시금 일본으로 돌아가기를 원하기도 하였습니다. 1970년대에는 많은 조선인이 정치적으로 숙청되었고 강제 수용소로 보내지기도 하였습니다. 현재 일본 지역에 거주하고 있는 일본 국적을 가진 조선인을 자이니치(在日)라고 부릅니다.

◀ **군함도** : 유네스코 세계 문화 유산에 지정된 나가사키의 하시마 섬은 일본 산업화 당시 지하 석탄 채굴로 유명합니다.

▌ 한국 전쟁으로 서구권으로의 이주가 시작되다 ▌

한인 이주 역사에서 제4의 물결은 전쟁으로 인해 생겨났습니다. 아시아를 중심으로 움직였던 이전까지의 물결과는 달리 이번에는 부유한 서구권 국가를 향한 새로운 이주 형태가 나타났습니다.

한국 전쟁에서 미국은 다른 15개국과 연합하여 한국을 위해 지상병력을 파병하였습니다. 한국 전쟁으로 약 24만 4,000명의 민간인이 사망하고 약 22만 9,000명의 부상자와 39만 명의 실종자가 발생하였으며 약 30만 명의 전쟁미망인과 10만 명의 전쟁고아가 생겼습니다. 미국으로의 한국인 입양은 수많은 전쟁고아에게 새로운 집을 찾아주기 위한 자선적인 의도로 시작되었습니다. 1924년 미국의 이민법에 의해 아시아인들은 미국으로의 이민이 금지되었지만, 1953년 시행된 난민구호법(Refugee Relief Act)은 1956년까지 미국 가족이 매년 최대 4,000명의 어린 고아들을 입양할 수 있도록 허가하였습니다.

　미국 복지 단체의 영향으로 국제 입양이 1961년 법제화되면서 미국으로의 대량 입양이 시작되었습니다. 이후 캐나다, 프랑스, 스웨덴, 오스트레일리아와 같은 서구권 나라들도 여기에 편승하여 한국과 국제 입양 협정을 맺었습니다. 20세기 말까지 총 16만 명의 한국인이 국제 입양되었으며 이중 대부분은 미국에 입양되었고 한국은 20세기 세계에서 가장 많은 어린이를 입양보내는 나라가 되었습니다.

　한편 1945년 시행된 미국의 전쟁 신부 법*은 미국 군인들이 한국에서의 복무 기간에 만난 한국인 아내가 미국으로 이민올 수 있도록 허용하였으며, 1965년 개정된 이민법(아시아태평양지역 이민자를 제한하는 Asia-Pacific Triangle 폐지)으로 인해 이들이 한국에서 가족과 친척들을 초대하면서 한국 이민자 수가 급격하게 증가하였습니다. 또한 이 법은 의료 전문가와 같이 특별한 기술을 가진 사람들과 사업투자자와 같은 재력을 가진 사람들이 미국으로 이민을 올 수 있도록 허용하였습니다. 이후 1970년대부터 1980년대까지 많은 중산층 한국인들이 군사 독재 정권을 벗어나기 위해 한국을 떠나 '아메리칸 드림'을 꿈꾸며 미국으로 이민하였고, 그 수가 점차 늘어나면서 밀집 지역 혹은 코리아 타운을 형성하였습니다.

전쟁 신부 법(The War Brides Act)이란?*

전쟁 신부 법은 1945년 12월 28일에 제정된 것으로 제2차 세계대전 이후 외국인 배우자를 미국으로 입국(이민)할 수 있도록 한 법입니다. 이후 몇 번의 개정을 거쳐 1952년까지 10만 명 이상이 미국으로 입국하였습니다.

해외 이민법이란?*

현대적 의미의 이민은 1962년 3월 9일에 공포된 해외 이민법(해외 이주법)으로 시작되었습니다. 이 법은 해외 이주에 관한 사항을 규정해 놓은 것으로 그 목적은 "국민을 해외에 이주시킴으로써 인구를 조절하여 국민경제의 안정을 기함과 동시에 국위를 해외에 선양"하고 또 "해외에 이주할 수 있는 자의 자격과 그 허가 기타 해외 이주에 관한 사항을 규정하기 위해서"라고 명시되어 있습니다.

정부의 해외 인력 수출 계약 협정이 이루어지다

한인 이주 역사에서 제5의 물결은 '해외 인력 수출'과 같은 공식적인 계약 협정에 의해 생겨났습니다. 앞서 본 제4의 물결에서 한국 가족과 사업 이민자들은 본국(고향)의 가족들에게 재정적인 지원을 해주었고 이는 이미 노동 이민의 한 형태로도 볼 수 있습니다. 하지만 노동 이민은 1962년 한국의 군사정부가 해외 이민법*을 통과시키며 새로운 국면을 맞이하게 되었습니다.

이 법은 전쟁 이후 베이비붐으로 인한 인구 증가를 완화하고, 정부의 산업화 프로그램에 긴급히 필요한 외화를 조달하기 위한 목적을 가지고 있었습니다. 처음에는 브라질, 아르헨티나, 파라과이, 볼리비아와 같은 남미 국가와 노동계약 협정을 맺는 것으로 시작되었습니다. 하지만 이는 1966년 한국 정착민들의 준비 부족으로 인해 중단되었습니다. 지역 정부는 이들에게 경작할 토지를 제공하였지만 대부분의 이민자들은 농사 경험이 없는 한국의 도시 지역 출신이었습니다. 이들 역시 가족들을 초대하였고 1977년까지 남미로 이주한 한국인은 약 3만 명으로 현재 이 지역에 거주하는 비교적 많은 수의 한국인이 이때를 기점으로 정착할 수 있었습니다.

또한 정부가 서독에 계약직 근로자들을 파견하기 시작하며 유럽의 한국인 수가 급격히 증가하였습니다. 서독은 전쟁 이후의 급성장기에 많은 노동력이 필요하였으며 한국과 서독은 공통적으로 분단국가여서 냉전 시대에 많은 프로그램을 함께 하였습니다. 이로 인해 한국의 간호사들과 광부들이 서독으로 가게 되었고 약 2만 1,000명의 한국인들이 1962년부터 1978년까지

▼ 독일에서 일하는 광부들에 대한 기사
(1964년 12월 2일 신문)
ⓒ한국이민사박물관

서독으로 보내졌습니다. 이들은 매년 약 5천만 달러의 외화를 한국
으로 송금하였고, 이는 한국의 산업화에 도움이 되었습니다.

시청해 봅시다

해외로 이주한 한국인들은 어떠한 삶을 살았을까요? 관련 영상을 감상해 보고 함께 생
각해 봅시다.

- 영화 〈국제시장〉(2014)
- 영화 〈군함도〉(2017)
- 다큐멘터리 〈Koryo Saram: The Unreliable People〉(2013, DVD. Produced by Microcinema)

국내외 민족 운동의 전개

이런 것들을 배워 봅시다

3·1운동을 거치면서 독립을 향한 민족의 열망은 더욱 커졌습니다. 독립은 가장 중요하고 시급한 민족적 과제로 받아들여졌고, 국내는 물론이고 만주와 연해주, 상하이와 미국 등 해외에서도 활발한 민족 운동이 전개되었습니다. 무장 독립 전쟁이 필요하다는 인식이 확산되면서 만주를 중심으로 많은 독립군이 조직되어 국내 진격을 목적으로 한 독립 전쟁을 벌였고, 민족 경제 자립을 목표로 물산 장려 운동을 전개하기도 하였습니다. 또한 독립운동의 방안을 모색하는 과정에서 확산된 사회주의 사상은 다양한 사회 운동을 이끌었고, 학생들이 항일 민족 운동의 주체로서 적극적인 투쟁을 벌였습니다.

• 3·1운동 전후 국내에서 진행되었던 민족 운동에 대해 알아봅시다.
• 1920년대 해외에서 전개되었던 독립 전쟁의 양상을 살펴봅시다.
• 1929년에 일어난 광주 학생 항일 운동의 의미를 생각해 봅시다.

찾아가 봅시다

• 대한민국역사박물관(서울시 종로구)　　• 군산근대역사박물관(전라북도 군산시)
• 서울역사박물관(서울시 종로구)　　　　• 밀양의열기념관(경상남도 밀양시)
• 독립기념관(충청남도 천안시)

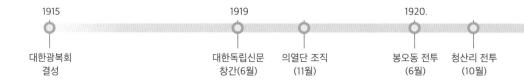

1915
대한광복회
결성

1919
대한독립신문
창간(6월)

의열단 조직
(11월)

1920.
봉오동 전투
(6월)

청산리 전투
(10월)

▌독립운동 단체가 결성되다 ▌

1915년 7월 대구에서 국권 회복과 공화제 실현을 목표로 대한광복회(大韓光復會)가 결성되었습니다. 대한광복회는 결성 초기에는 경상도 지역을 중심으로 활동하였는데, 1916년부터 충청도와 경기도, 황해도를 비롯해 전국적으로 활동 지역을 확대하였습니다. 대한광복회는 국내 및 만주에 연락 거점을 설치하고 군자금을 모으는 한편, 친일 부호 처단, 독립군 양성 등의 계획을 세우고 준비에 착수하였습니다. 하지만 1918년 초 대한광복회는 전국 조직망이 발각되어 주요 인물이 검거되고 사형을 당하면서 위기에 처하게 됩니다. 그럼에도 불구하고 살아남은 사람들 가운데 일부는 의열단(義烈團)에서 민족 운동의 정신을 이어 나갔습니다.

▶ 의열단

1919년 3·1운동 이후 독립운동의 근거지를 해외로 옮긴 독립 운동가들은 일제에 맞서기 위해 보다 조직적이고 강력한 독립운동 단체가 필요하다고 판단하였습니다. 이들 중 일부는 1919년 11월 만주에서 항일 비밀 결사 단체인 의열단을 조직하고, 일본인 고위 관리와 친일파 처단, 관공서 폭파 등을 목표로 삼아 항일 운동을 펼쳤습니다. 의열단이 당시 다른 민족 운동 단체들과 비교해 과격한 노선을 선택한 이유는 일제의 무력에 대항하기 위해서는 암살과 폭파 같은 보다 직접적인 투쟁 방법이 더 효과적이라고 생각했기 때문입니다.

의열단은 조선 총독부와 동양 척식 주식회사, 매일신보사, 경찰서 등 일제와 관련된 식민지 통치 기관 폭파를 계획하고, 국내외 여러 곳에서 다수의 폭탄 투척 의거를 실행하였습니다. 의열단이 암살과 폭파 등의 노선으로 항일 운동을 펼친 데 반해, 1919년 6월 만주에서 창간된 《대한독립신문》은 해외에 흩어져 있는 독립운동가들의 소식과 해외 정세 등을 신속하게 전하고 항일 정신을 고취시키는 방식으로 민족 운동에 동참하였습니다.

대한독립신문(大韓獨立新聞)이란?

만주 간도 용정촌에서 대한국민회장 구춘선 등이 독립운동의 활성화를 위해 창간한 신문입니다. 일제의 감시를 피하기 위해 영국인 마틴(Martin)이 경영하는 제창병원(濟昌病院) 지하실에서 비밀리에 등사판으로 신문을 제작하였습니다.

독립 전쟁을 전개하다

1919년 3·1운동 이후 독립을 달성하기 위해 무장 독립 전쟁이 필요하다는 생각이 확산됩니다. 만주 지역에서는 크고 작은 독립군이 조직되었고, 각 지역의 독립군들은 국내 진격을 목표로 독립 전쟁을

▲ 홍범도

본격적으로 시작하였습니다. 특히 홍범도(洪範圖)가 이끄는 대한 독립군(大韓獨立軍)은 큰 성과를 올렸습니다.

대한 독립군은 1919년 홍범도가 연해주와 간도에 거주하던 한국인을 규합하여 창설한 항일 독립 운동 단체입니다. 홍범도는 1895년에 의병을 일으킨 뒤, 1907년 이후 함경도를 대표하는 의병장으로 명성이 높았습니다. 그는 1910년 한국이 일제에 강제 병합되면서 국내에서의 의병 활동이 어려워지자 간도를 거쳐 연해주로 망명하여 독립군을 양성하며 독립운동을 준비하였습니다. 3·1운동 소식이 만주에 전해지자, 홍범도는 의병 출신과 청년들을 중심으로 대한 독립군을 창설하여 활발한 국내 진입 작전을 펼쳤습니다. 1919년 8월 대한 독립군은 압록강 연안 혜산진의 일본군 수비대를 무찔렀고, 9월에는 갑산을 공격하였으며, 10월에는 강계와 만포진을 점령하는 등 많은 성과를 거두었습니다.

일제는 독립군이 활발한 국내 진공 작전을 전개하자 1920년 대대적인 병력을 동원하여 두만강을 건너 독립군을 공격하였습니다. 이때 대한 독립군을 중심으로 군무 도독부(軍務都督府), 대한 국민회군(大韓國民會軍) 등의 독립군이 연합하여 봉오동에서 일본군을 공격하여 큰 승리를 거두었습니다. 봉오동 전투에서 참패한 일본군은 훈춘 사건*을 일으켜 일본군의 만주 진출에 대한 명분을 만들었고, 대규모의 군사를 동원하여 독립군 토벌에 박차를 가하였습니다. 홍범도의 대한 독립군과 김좌진(金佐鎭)의 북로 군정서(北路軍政署)는 백두산 부근으로 이동하는 중에 추격해 온 일본군과 일전을 벌이게 되었습니다. 연합 독립군 부대는 청산리 일대에서 벌어진 10여 차례의 전투 끝에 독립 전쟁사에서 가장 큰 전과로 기억될 만한 대승을 거뒀습니다. 바로 유명한 청산리 전투입니다.

훈춘 사건(琿春事件)이란?*

1920년 일제는 중국의 마적을 매수하여 일본 영사관을 습격하게 한 뒤, 이를 독립군의 소행이라고 주장하였습니다. 일제는 일본인 거류민 보호를 구실로 즉각 2만여 명의 병력을 만주 지역에 투입하여 독립군을 압박, 봉오동 전투에서의 패배를 만회하고자 하였습니다.

봉오동 전투 봉오동(鳳梧洞) 전투는 1920년 6월 7일 대한 독립군을 중심으로 한 독립군 연합 부대와 일본군 사이에 벌어진 전투입니다. 독립군은 홍범도의 지휘 아래 작전 계획을 수립하였고, 일본군은 독립군의 포위망에 갇혀 막대한 피해를 입었습니다. 이 전투는 중국 영토인 만주 지역에서 한국 독립군과 일본 정규군 사이에 본격적으로 벌어진 최초의 대규모 전투이자 독립군이 큰 승리를 거둔 전투로 역사적 의미가 큰 사건이라고 할 수 있습니다.

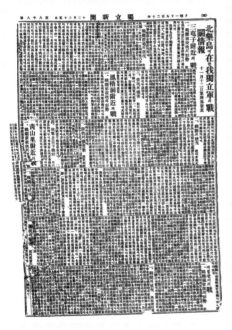

▲ 봉오동 전투와 청산리 전투 소식을 전한 1920년 12월 25일자 《독립신문》 신문기사 ⓒ독립기념관

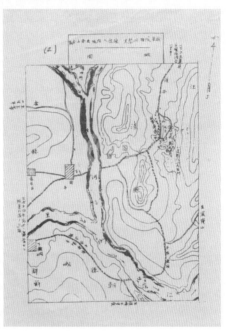

▲ 봉오동 전황 약도 ⓒ독립기념관

▌물산 장려 운동이 시작되다 ▌

물산 장려 운동은 일제의 경제적 수탈 정책에 저항하며 1920년대에 전개되었던 민족 경제 자립을 위한 실천 운동입니다. 3·1운동 이후 일제는 한국에 대한 통제와 탄압의 수위를 높이는 동시에 한국인의 민족정신을 말살하고자 하였습니다. 이러한 상황 속에서 지식인들은

▲▲ 물산 장려 운동
경성방직주식회사의
국산품 애용 선전
광고

▲ 조선물산장려회보
제1권 제2호
ⓒ국립한글박물관

경제 자립을 통한 민족의 경제권 수호를 위해 근검절약을 실천하며 민족 경제의 역량을 우리의 힘으로 키워야 한다고 주장하였습니다. 그들은 물산 장려 운동의 내용을 전국적으로 전파하며 민족의 단결을 호소하였습니다.

1920년 평양에서 조만식(曺晩植)을 중심으로 조선 물산 장려회를 조직하고, 민족 산업의 육성을 위해 국산품 애용 운동을 벌였습니다. 이 운동은 1923년 서울에서 전국적 조직체인 조선 물산 장려회가 발족되면서 전국적인 규모로 확산되었습니다. 물산 장려 운동은 '내 살림 내 것으로'라는 구호를 내걸고 대중적 선전·계몽 운동을 활발하게 전개하였습니다. 또한 조선 물산 장려회는 운동을 효과적으로 실행하기 위해 기관지의 발행, 소비조합과 생산 기관의 설치, 조선 물산 진열관의 설치와 조선 물산 품평회 개최 등을 추진하였습니다.

물산 장려 운동은 국산품 애용 운동을 비롯하여 금주·금연 운동 등으로 확대되어 민중들의 많은 공감과 지지를 받았고, 민족의식을 높이는 계기가 되었습니다. 그러나 운동의 성과가 기업의 생산력 증대로 원활하게 이어지지 않았고, 또 일부 상인들이 물건 값을 올려 이익을 취하면서 물산 장려 운동은 점차 소비자들의 외면을 받게 됩니다. 이에 대해 사회주의자들은 물산 장려 운동이 자본가와 상인의 이익만을 추구하는 이기적 운동이라고 비난하기도 하였습니다. 비록 물산 장려 운동이 기대만큼의 결과를 얻지는 못했지만,

조선 물산 장려회 취지서　1923년 11월 《산업계(産業界)》에 실린 조선 물산 장려회 취지서를
보면 국산품 사용을 위한 실천 강령으로 다음과 같은 조건을 제시하고 있습니다.

〈제1기 실행 조건〉
- 의복은 우선 남자는 두루마기, 여자는 치마를 음력 계해년(1924) 1월 1일부터 조선인 생산품
  또는 가공품을 염색하여 착용할 것
- 음식물에 대해서는 소금, 설탕, 과일, 청량음료 등을 제외하고는 전부 조선인 생산물을 사용
  할 것
- 일용품은 조선인 제품으로 대용할 수 있는 것은 이를 사용할 것

실력 양성과 자력갱생의 정신을 저항운동의 기치로 내걸었고 민족
산업 경제를 촉진한 경제 자립 운동이었다는 점에서 그 의의를 찾
을 수 있습니다.

사회주의 사상이 유입되다

3·1운동 이후 많은 지식인들은 독립을 이루기 위해 민족의 실력을
양성하는 것이 급선무라고 생각하였습니다. 실력 양성 운동은 크게
민족 계몽을 목표로 한 교육 운동과 민족 기업 설립, 물산 장려 운
동 등을 통한 경제적 실력 양성 운동이 큰 줄기를 이루었습니다.

　　한편 1920년대 초 본격적으로 유입되기 시작한 사회주의 사상
은 청년, 지식인들이 독립운동의 방안을 모색하는 과정에서 빠르게
확산되었습니다. 이들은 사회주의를 피압박 약소민족을 해방시킬
수 있는 사상적 무기로 이해하였습니다. 사회주의 사상은 각종 토
론회와 강연회는 물론 신문과 잡지를 통해 소개되었고, 그 결과 농
민과 노동자 단체를 비롯한 많은 사회주의 단체가 조직되었습니다.
이들은 각종 사회 운동을 전개하였고, 1925년에는 사회주의 운동의

6·10만세 운동이
란?

1926년 6월 10일 순
종의 장례일을 기해
일어난 독립 만세 운
동을 말합니다.

중심 세력으로 조선 공산당을 결성하기도 하였습니다.

사회주의자들은 사유 재산 제도를 바탕으로 한 자본주의 체제를 부정하고, 농민과 노동자를 중심으로 한 사회주의 사회를 이룩하려고 하였습니다. 이 때문에 일제로부터 대대적인 탄압을 받았을 뿐만 아니라, 자본가들이 중심이 된 민족주의자들과도 갈등을 빚었습니다. 그러나 1926년 6·10만세 운동을 계기로 일제의 탄압을 극복하고 독립운동의 역량을 강화하기 위해 사상과 이념을 넘어 두 세력이 협력하려는 움직임이 등장하였습니다. 이러한 노력은 국내 최대 항일 운동 단체인 신간회 창립으로 이어졌습니다.

더 알아봅시다

신간회 신간회(新幹會)는 1927년 2월 민족주의 세력과 사회주의 세력이 연합하여 결성한 항일 민족운동 단체입니다. 창립 이후 전국 각지에 수많은 지회를 두었고, 농민과 노동자, 청년학생 등 4만여 명의 회원을 보유한 일제 강점기 최대 규모의 단체로 성장하였습니다.

신간회는 전국을 돌며 순회강연과 교육 활동을 전개하는 등 일제의 식민 통치 비판과 민족의식 고취를 위한 다양한 활동을 전개

▲ 신간회

하였습니다. 그러나 일제의 탄압이 강화되면서 활동을 둘러싼 신간회 내부의 의견 대립이 심화되었고, 결국 1931년 해소(解消)를 결정하였습니다.

신간회의 결성은 민족주의 계열과 사회주의 계열이 일제에 대항하기 위해 이념의 차이를 넘어 민족 협력 노선을 선택했다는 점에서 큰 의의를 지닙니다.

학생들이 항일 운동의 주체가 되다

3·1운동을 경험한 학생들은 1920년대 들어와 독서회, 토론회, 야학 등을 조직하여 민족 계몽 운동을 지속하였습니다. 또한 이들은 연합 학생 단체를 조직하여 수업 거부, 동맹 휴학 등의 방법을 통해 일제의 식민지 교육 정책에 저항하고, 한국인 스스로가 중심이 되는 교육을 요구하였습니다.

1926년 4월 대한 제국의 마지막 황제인 순종이 사망하자 민족주의 계열과 사회주의 계열이 연합하여 6월 10일 장례식에 맞춰 만세 운동을 계획하였습니다. 그러나 이 계획은 일본 경찰에 사전 발각되어 지도부를 비롯한 많은 이들이 검거됩니다. 이렇게 와해된 지도부의 재건에 노력하면서 만세 운동의 준비를 계속한 것은 조선 학생 사회 과학 연구회 소속 학생들을 필두로 한 학생층이었습니다. 학생들은 일제의 감시를 뚫고 격문을 인쇄하며 만세 운동을 예정대로 준비하였고, 장례 행렬이 지나가는 곳곳에서 격문을 배포하고 독립 만세를 외치며 시위를 주도하였습니다. 일제는 시위를 주도한 학생 200여 명 이상을 체포하며 이를 진압하였습니다. 6.10만세 운동은 전국적으로 확대되지는 못하였지만, 학생들은 동맹 휴학을 통해 일제의 식민지 통치에 지속적으로 저항하였고, 스스로 항일 운동의 주체로서 자각하는 계기가 되었습니다. 1929년 광주 학생 항일 운동은 축적된 학생들의 역량이 폭발한 사건이었습니다.

1929년 10월 30일 나주역에서 한국인 여학생을 희롱한 일본인 학생과 이를 말리던 한국인 학생이 충돌한 사건이 일어났습니다. 이 과정에서 경찰이 한국인 학생만을 처벌하는 편파적 대응을 하자 분노한 광주 지역 학생들은 11월 3일 민족 차별 중지와 식민지 교육 제도 철폐 등을 요구하며 대규모 시위를 벌였습니다. 이 시위는 곧 전국으로 확대되었고, 전국의 학생들은 항일 민족 운동의 일환으로 시위와 동맹 휴학 등을 통해 적극적으로 운동에 동참하게 됩니다. 학생 운동에 대한 일제의 탄압에도 불구하고 광주 학생 항일 운동에

광주 학생 항일 운동 당시 격문

학생, 대중이여, 궐기하자!

검거자를 즉시 우리 손으로 탈환하자.
검거자를 즉시 석방하라.
교내에 경찰권 침입을 절대 반대하자.
교우회 자치권을 획득하자.
직원회에 생도 대표자를 참석시켜라.
조선인 본위의 교육 제도를 확립시켜라.
민족 문화와 사회과학 연구의 자유를 획득하자.
전국 학생 대표자 회의를 개최하라.

▲ 광주 학생 운동 발상지
(광주제일고등학교)
광주 학생 운동 기념탑 ©문화재청

참가한 학교는 총 194개, 학생수는 무려 5만 4,000여 명에 달했습니다. 그중 퇴학 582명, 무기정학 2,330명, 구속된 학생이 1,642명이나 되었습니다. 이는 3·1운동 이후 최대 규모의 항일 민족 운동이었습니다.

시청해 봅시다

일제의 억압과 차별 속에서 민족 해방을 꿈꾸었던 독립운동가들의 삶은 어떠했을까요. 관련 영상을 감상하고 함께 생각해 봅시다.

- 드라마 〈이몽〉, MBC(2019)
- 영화 〈암살〉(2015)
- 영화 〈밀정〉(2016)
- 영화 〈봉오동 전투〉(2019)

일본의 아시아 침략과 식민지 동원

이런 것들을 배워 봅시다

역사가들은 20세기를 폭력의 세기라고 규정하는 데 주저하지 않을 것입니다. 제2차 세계대전 당시 독일 나치에 의한 600만 명에 이르는 유태인 대학살이 그 대표적 사례지만, 홀로코스트만이 아니라 제국주의 국가들이 영토 팽창을 위해 이민족과 인류를 비극으로 몰고 간 것 또한 기억되어야 합니다. 1939년 9월 1일 독일이 폴란드를 침공하여 제2차 세계대전이 시작되기 이전부터 아시아의 유일한 제국주의 국가였던 일본은 침략 전쟁으로 영토를 확장하고자 했습니다. 그들은 이 과정에서 무참한 살육을 저질렀고 식민지와 점령지의 주민들을 전쟁의 도구로 동원하였습니다. 일본군 '위안부', 징용자 등 강제 동원 피해자들의 고통스러운 삶과 치유 없는 죽음은 근본적으로 가해자들의 진실에 대한 인정과 사죄의 부재에서 기인한 것입니다. 이는 세기를 넘어, 세대에 걸쳐 해결해야 과제가 되고 있습니다.

- 일본의 침략 전쟁에 동원되었던 한국인들의 고통에 대해 생각해 봅시다.
- 일본군 '위안부' 문제가 여전히 외교적·정치적 문제로 비화되고 있는 이유에 대해 생각해 봅시다.

찾아가 봅시다

- 독립기념관(충남 천안시)
- 전쟁과여성인권박물관(서울시 마포구)
- 국립일제강제 동원역사관(부산시 남구)
- 광산마을(부산시 기장군)

국제 연맹이란?

국제 연맹은 제1차 세계대전에서 승리한 연합국들이 1920년에 설립한 기구로, 베르사유 조약에 따른 평화로운 세계 질서 유지에 그 목적이 있었습니다.

▌ 만주 사변에서 태평양 전쟁까지, '15년전쟁'이 벌어지다 ▌

일본 관동군은 1931년 9월 18일 펑텐(奉天), 현재의 선양(瀋陽) 부근인 류타오후(柳条沟)의 철도를 폭파한 후 이를 중국 동북군의 소행으로 조작하여 전투를 개시합니다. 만주 사변의 시작이었습니다. 이들은 1931년 11월 이른바 만주 전역을 점령하여 1932년 3월 1일 만주국을 건립합니다. 중국 정부가 만주국 문제를 국제 연맹에 제소하고 만주국 승인 문제가 불거지자 일본은 1933년 3월 국제 연맹을 탈퇴합니다. 독일 식민지는 국제 연맹의 위임 통치라는 형식으로 연합국들에게 분배되었습니다. 제1차 세계대전에서는 독일에

▶ 만주에 배치된 일본군 제1기병여단

맞선 연합국에 속하여 독일에 선전 포고를 한 일본은 산둥반도의 독일 조차지와 서사모아 등 독일령 남태평양 군도와 뉴기니를 점령하고 베르사유 조약에 따라 국제 연맹의 상임 이사국이 되어 위임 통치를 하게 됩니다. 그러나 일본의 칭다오 등 산둥에 대한 위임 통치는 1919년 중국의 항일 반제국주의 투쟁이었던 5·4운동을 야기하였습니다. 뿐만 아니라 중국에 대한 서구 제국주의 국가들의 팽팽한 이해관계는 중국에 대한 일본의 야욕을 그대로 두지 않았습니다. 1922년 워싱턴 회의[*] 결과, 산둥은 중국에 반환됩니다. 따라서 1933년 일본의 국제 연맹 탈퇴는 베르사유-워싱턴 체제로부터의 이탈이었으며 영토 확대를 위한 군사적 팽창에 박차를 가할 것임을 뜻했습니다.

일본은 만주라는 병참 기지를 발판으로 중국의 식민지화를 위한 본격적인 전쟁을 일으키게 됩니다. 1937년 7월 7일 일본은 베이징 교외의 루거우차오(盧溝橋)에서 일어난 중국군과의 작은 무력 충돌을 계기로 본격적인 중국 침략을 시작합니다. 중일 전쟁이었습니다. 그해 12월에 점령한, 당시 중화민국의 수도 난징에서 두 달 동안 이루어진 난징 대학살은 일본 침략 전쟁의 잔학함을 대표하는 사건이기도 합니다. 일본은 1938년 광저우와 우한을 차지할 정도로 기세를 올렸지만, 장제스가 이끄는 중국군과 마오쩌둥이 이끄는 공산당의 팔로군과 신사군 등의 항전도 만만치 않아 중일 전쟁은 일본의 계획과 다르게 장기화되었으며 많은 사상자를 낳았습니다. 중일 전쟁에 의해 목숨을 잃은 중국인들은 최소한으로 잡아도 1,500만

워싱턴 회의란?[*]
워싱턴 회의는 제1차 세계대전 이후 중국 및 태평양 지역을 둘러싼 문제를 다루기 위해 미국의 주도하에 열린 국제회의입니다. 이 회의는 일본의 영토 확대와 군사적 팽창을 제한하는 결과를 가져왔습니다.

▲ 진주만 기습 이후
일본군의 전황

명으로 추산된다고 합니다. 이는 제2차 세계대전 당시 추축국의 침략을 당한 어느 나라보다 큰 피해였습니다.

　중국 침략에 이어 일본은 동남아시아에 있는 유럽 및 미국의 식민지를 손에 넣고자 태평양 지역으로 전쟁을 확대합니다. 미국과 영국의 대일 무역 규제로 일본의 군수품 확보가 어려워지고 민간 생활용품 수입도 통제되면서, 군수품 조달을 위해 석유, 고무 등의 자원이 풍부한 동남아시아를 노리게 된 것입니다. 일본은 1941년 12월 7일, 8일 미국의 군사 시설이 있던 하와이의 진주만과 필리핀 지역을 선전 포고도 없이 기습 폭격합니다. 같은 시기 홍콩을 함락한 일본은 채 몇 달이 되지 않아 말레이반도와 미얀마 대부분, 그리

추축국 1936년 11월 무솔리니는 한 연설에서 유럽의 국제 관계가 로마와 베를린을 연결하는 선을 "추축"(樞軸, Axis)으로 하여 변화할 것이라고 선언하는데, 여기서 추축국이란 말이 유래하였습니다. 일본의 국제 연맹 탈퇴에서 잘 드러나듯이, 제2차 세계대전 당시 추축국의 형성 배경은 베르사유 체제에 대한 불만과 이탈로 특징지어집니다. 1933년 1월 독일 수상이 된 히틀러는 동년 10월에 국제 연맹을 탈퇴합니다. 제1차 세계대전의 패전국으로서 베르사유 조약에 따라 군비를 제한받고 3300만 달러의 막대한 배상금 지불 문제로 허덕이던 독일의 상황을 타개하기 위해서였습니다. 국제 연맹의 상임 이사국이었던 이탈리아 역시 1937년 12월 국제 연맹을 탈퇴하였습니다. 1935년 10월 이탈리아는 이탈리아령 소말릴란드 접경지대에서의 충돌을 빌미로 에티오피아를 침공하였고, 에티오피아가 이를 제소하여 국제 연맹이 이탈리아에 제재를 가했기 때문입니다. 이탈리아의 탈퇴 이전인 1936년 10월 독일은 이탈리아의 에티오피아 정복을 인정하고, 이탈리아는 독일의 오스트리아 진출을 인정하는 비밀 동맹을 체결한 바 있었습니다. 그리고 1937년 독일, 이탈리아, 일본이 소련에 대항하기 위한 방공 협정(防共協定, Anti-Comintern Pact)을 맺으면서 추축국은 그 모습을 드러냅니다.

제1차 세계대전 이후는 각국에 공산당이 생길 정도로 반자본주의 혁명 운동이 활발해졌으며 이들을 지원, 주도하는 소련의 존재는 어디에서라도 붉은 혁명이 발발할 수 있다는 위협으로 다가왔습니다. 1938년 오스트리아를 점령, 병합하고 1939년 9월 폴란드를 침공한 독일이 채 1년이 되지 않은 이듬해 6월 파리를 점령하고 이탈리아는 영국에 선전 포고를 하고 독일 측에 가담합니다. 1940년 9월, 이 세 나라는 삼국군사동맹을 맺습니다. 핵심적인 내용은 일본은 유럽에서의 독일과 이탈리아의 지배권을 인정하고, 다른 두 나라는 아시아에서의 일본의 패권을 인정하는 것이었습니다. 후발 제국주의 국가였던 추축국들은 제1차 세계대전 이후 세계 질서 체제가 영국이나 프랑스, 네덜란드 등의 식민지는 그대로 유지하면서 자신들의 식민지 획득을 위한 영토 전쟁에 간섭하는 것에 큰 불만을 갖고 있었습니다. 더욱이 1929년부터의 세계대공황에서 비롯된 경제 위기를 새로운 식민지 개척으로, 사회 내적 불안의 원인을 외부로 돌리게 됩니다.

◀ 1938년 일본의 프로파간다 엽서
상단에는 〈사이좋은 세 나라(仲よし三國)〉라고 되어 있습니다. 사진은 왼쪽부터 히틀러, 고노에 후미마로, 무솔리니입니다.

파시즘 파시즘(facism)은 제1차 세계대전과 제2차 세계대전 사이에 전쟁과 경제 파탄으로 야기된 정치적 곤경과 사회적 불안을 배경으로 형성되었습니다. 무솔리니가 이탈리아의 제1차 세계대전 참전을 주장하면서 결성한 조직인 파쇼(Fascio, 결속, 연대라는 뜻)에서 유래했습니다. 무솔리니는 1919년 3월 파쇼 이탈리아 전투자 동맹를 조직하여, 사회주의 세력을 반국가주의로 낙인, 공격하면서 우익 세력과 자본가들을 결집시키게 됩니다. 1922년 전투자 동맹이 파시스트당으로 개칭되고 무솔리니는 파시스트들의 군주제 주장에 솔깃했던 이탈리아 국왕에 의해 수상으로 지명되어 정권을 장악하기에 이르렀습니다. 공격적이고 무자비한 방식으로 이루어진 공산주의자들에 대한 탄압, 의회제도의 부정과 일당 독재 체제의 구축, 특히 국가지상주의 또는 민족지상주의는 무솔리니의 파시즘만 아니라 당시 독일과 일본의 정치 체제에 있어서도 공통적이었습니다. 나치즘의 특징인 민족지상주의는 유태인 대학살과 같은 극단적 인종주의로 나타났습니다. 인종주의 정책은 법과 제도를 동원했을 뿐만 아니라 이 정책을 획책하는 국가에 국민이 절대복종하도록 하도록 만들었습니다. 또한 자신이 속한 지역과 마을, 직장, 학교, 이웃들 사이에서 유태인의 게토화를 몸소 실천하는 사회시스템을 만들고 이를 반대하면 반국가적 범죄로 규정한다는 점에서 철저히 국가주의적이었습니다.

요컨대, 파시즘은 민족이나 국가에의 귀속과 충성을 강조하며 사회 내부의 계급, 지역, 젠더, 성, 민족 등 다양한 정체성의 차이에 기반한 권리의 요구나 갈등을 통제합니다. 또한 국가의 통제적인 질서와 그 질서를 뒷받침하는 사회규범으로부터 조그마한 이탈도 죄악시하는 전체주의 사회의 구축을 통해서만 유지될 수 있습니다. 국가지상주의를 떠받치는 민족이나 국민이라는 정체성을 실체화하기 위해 '국가나 민족을 위협하는 적은 누구인가'라는 물음을 폭력화합니다. 따라서 적과 우리를 철저히 구분하는 전쟁을 주장하거나 일으키는 것은 파시즘의 필수불가결한 전략이라고 해도 과언이 아닙니다.

고 네덜란드령 동인도와 태평양의 많은 섬을 점령합니다. 이 과정은 중국뿐만 아니라 미국, 영국 등 독일과의 유럽 전선에 집중하고 있던 연합국 측을 아시아-태평양 전쟁으로 끌어들이는 과정이었습니다. 1941년 12월 8일 미국과 영국은 일본에 선전 포고를 합니다. 애초 미국은 1940년 6월 독일에 의해 프랑스가 함락되자 영국에 무기와 군수 물자를 지원하였으며 1941년 6월 독일의 소련 침공 이후에는 소련을 지원하고 있었습니다. 이렇듯 미국은 추축국에 맞서 전투를 벌이는 국가들에 무기와 군수품을 지원할 뿐 전투에 참여하지는 않았지만, 일본의 확전으로 방침을 바꾸게 된 것입니다. 선전 포고를 하지 않은 채 일본군과 교전해온 중국은 1941년 12월 9일 일본에 선전 포고하며 연합군의 일원이 되어 일본과 전투를 벌이게 됩니다. 일본군은 1942년 5월 최대의 진출선을 확보하게 되나 곧 미드웨이 해전 등에서 연합군의 선전으로 전세가 불리해지게 됩니다.

    제2차 세계대전은 막바지에 이르고 있었습니다. 일본은 추축국 중에 가장 늦게 항복함에 따라 끔찍한 희생을 치러야 했습니다. 연합군은 1945년 8월 6일과 9일에 일본의 히로시마와 나가사키에 원자폭탄을 투하하였습니다. 소련 역시 일본에 선전 포고(8월 8일)하고 군대를 남하시켜 만주국을 붕괴시킨 다음 한반도 북부를 점령하였습니다. 결국 일본은 1945년 8월 15일 항복을 선언하였습니다. 이 전쟁은 일본 사회 전체를 파국으로 몰고 갔을 뿐 아니라 후대에도 깊은 상처를 남겼습니다. 그것은 일본인에게 국한된 것도 아니었습니다. 당시 제국 일본의 식민지였던 한국 또한 전쟁에 휘말려 물자와 사람 모두 전쟁에 동원되었기 때문입니다. 일본의 침략 전쟁과 식민지 지배와 동원 문제는 21세기인 오늘날도 한일 관계만이 아니라 동아시아 전체에 정치적 긴장과 갈등을 야기하고 있습니다. 이제 그 진상을 살펴보도록 하겠습니다.

▌한국인, 황국신민의 이름으로 전쟁에 동원되다 ▌

1937년 7월 중일 전쟁을 일으킨 일본은 1938년 4월 국가 총동원법을 공포합니다. 이 법은 한국·대만 및 가라후토(樺太, 사할린)에도 그대로 적용되었습니다. 당시 한국은 일본의 전쟁 수행 및 승리를 위해 인적, 물적 자원이 동원되었을 뿐만 아니라 사회 전체가 이 목적에 의해 재편, 통제되었습니다. 이 법을 통해 황국신민화(皇國臣民化)는 인적, 물적 자원의 동원을 위해 제시된 프로파간다이자 한국인이 지향해야 할 목표가 되었습니다. 이를 위해 총독부는 1936년 8월

'신사제도의 개정에 관한 규칙'을 공포하여 학생들에게 신사 참배를 강요하였습니다. 이는 일본 전래의 종교였던 신토(神道)의 천황 숭배를 골자로 국가종교화한 제도였습니다. 1937년 10월에는 '황국신민의 서사(誓詞)'를 제정하여 학교 및 청년단체 등 일반 사회단체 등에서 제창하는 것을 의무화하였습니다. 황국신민의 서사는 천황과 일본국가에 대한 멸사봉공을 다짐하는 내용으로 이루어져 있었습니다. 더불어 학교에서부터 애국일이 지정되어 주로 신사 앞이나 국기게양대 앞에서 행사를 거행하도록 하였는데, 그 식순은 신사 참배, 궁성요배ㆍ, 국가제창, 강화, 황국신민의 서사 제송, 천황폐하 만세 삼창으로 이루어졌습니다.

이처럼 정책화된 의식과 의례들은 반복적인 수행을 통해 천황에 대한 한국인의 충성심과 일본에 대한 애국심을 강화하고 '일본과 조선은 한 몸'이라는 내선일체(內鮮一體) 의식을 주입시켜 일본이 초래한 침략 전쟁을 한국인의 과업으로 인식시키는 데 목적이 있었습니다. 즉, 일본의 의도는 한국의 물적 자원뿐만 아니라 한국인의 사유 재산과 목숨에 대한 징발이기도 했습니다. 국가 총동원법은

▶ 궁성요배

강제 동원 피해자 규모 2004년부터 2015년까지 한국 정부는 일본에 의한 강제 동원 피해자를 조사하였습니다. 2016년 대일항쟁기 강제 동원 피해조사 및 국외 강제 동원 희생자 등 지원위원회가 간행한 보고서에 따르면, 강제 동원된 한국인은 육군특별지원병, 징병제에 따른 징병, 학도병, 해군징모병 및 소년병 등 군인 동원 20만 9,279명, 군무원 동원 6만 668명, 노무자 동원 753만 4,429명 등이었습니다. 여기에는 셀 수조차 없었던 일본군 '위안부'는 포함되어 있지 않습니다.

1938년 조선육군특별지원령, 국민징용령, 1940년 창씨개명, 1941년 국민근로보국협력령, 1943년 조선인 징병제 공포(1944년 실시), 조선인학도지원병제도, 1944년 학도근로령, 여자정신근로령 공포 및 실시로 이어졌습니다. 1945년 3월에는 국민근로동원령이 공포되어 국민징용령 등 각종 관련 법령이 통폐합되었습니다.

　이러한 법과 제도에 의한 전시동원은 관제 주민조직의 결성을 통해서 뒷받침되었습니다. 일본에서는 중일 전쟁 발발 직후인 1937년 10월 국민정신총동원 중앙연맹을 결성합니다. 국민정신총동원 조선연맹은 그보다 늦은 1938년 8월에 결성되었지만, 당시 한국의 경우 그 하부 말단 조직인 애국반이 만들어졌습니다. 애국반에서 이루어진 운동 중 주목해야 하는 것은 1942년부터 실시된 '국어전해운동(國語全解運動)', 그것을 더 밀고 나간 '국어상용운동'이었습니다. 여기서 국어란 일본어였습니다. 즉, 한국인의 일본어 해독률을 높이고 나아가 일본어 사용을 생활화하는 운동이었던 것입니다. 이는 언어 민족주의적 관점에서 한국인의 정신을 일본화하는 것만이 아니라, 당장 병력이나 노

▼ 강제 징용

애국반 애국반은 관공서와 학교, 은행 기타 등등 사회단체의 적당 인원의 연맹과 그리고 정(町)·동(洞)·리(里) 등 거주 지역에 기반하여 10호 단위로 구성된 연맹을 뜻합니다. 한국인과 한국에 거주하는 일본인을 아우르는 조직으로 1940년 12월에는 전국적으로 38만 개, 총 인원수는 2천만 명에 달했습니다. 자신을 '조선 주민으로 애국반의 한 사람'이라고 선언한 미나미 지로(南次郎) 총독(1936-1942)의 조선 총독부가 주민조직인 애국반을 결성한 이유는 한국인들의 낮은 수준의 교육실태 등을 감안할 때 미디어에 기반한 선전 효과를 얻기 힘들었으며 전국적인 정당도 존재하지 않고 자발성도 기대할 수 없었던 상황 때문입니다. 즉 강력한 행정력에 의한 직접적이고 세밀한 주민 조직만이 일상적인 동원의 사회화와 체계화를 가능하게 할 것이라고 보았던 것입니다.

애국반은 각 가정의 세대 대표들이 모여 저축 장려 및 국채 응모 장려나 전시 배급, 방공 강화 훈련뿐만 아니라 일상적인 공중도덕을 규율화한 거리 청소 및 위생, 의식주 개선과 같은 실천 사항을 전달받고 점검하는 조직이었습니다. 식민지화 이후 늘상 비경제적이고 비위생적이라 지적되어온 한국식 생활방식인 백의(白衣)나 온돌, 잔치에서 술잔을 돌리는 관행, 과시적 낭비가 큰 혼상제례, 육체노동에 대한 천시 등만이 아니라 서양식 복장과 머리 모양, 화장 등도 개선의 내용이었습니다. 서양식 머리 모양에 대한 규제는 남자의 경우 장발, 여자의 경우 전발(電髮, 파마넨트)을 규제하는 것이었습니다. 지금도 한국에서 '몸빼'로 알려진 여성용 바지는 이 시기 '부인 표준복'으로 강요된 옷이었습니다. 또한 근로보국운동을 통해서 도로, 하천 등을 고치거나 신사의 사원을 청소하는 등 각종 집단노동이 필요한 일에 무보수로 동원하였습니다.

동력으로 동원될 한국인들이 상급자와 관리·감독자인 일본인의 지시와 명령을 제대로 따르기 위해서라도 필요했습니다. 1940년 8월 한국인 발간의 한글신문인《동아일보》와《조선일보》가 폐간되기 이전에 1938년 3차 조선 교육령 개정에 의해 학교교육에서 한국어 교육은 사실상 폐지되었습니다. 이는 1938년 2월 조선육군특별지원병령의 공포와 실시를 위한 조치와 맞물려 있었습니다. 국어전해운동과 국어상용운동은 전 한국인들을 대상으로 한 것으로 보이지만, 병력과 노동력으로 쓰일 만한 한국인을 주요 대상으로 하였습니다. 더욱이 1942년 5월에 법령으로 공포된 조선인 징병제 실시(1944년)가 임박한 시점에서 학교교육을 받지 못한 군입대 적령기의 남자들을 대상으로 한 국어강습소 설치 계획을 세우게 됩니다.

분명한 사실은 속성(速成)으로 훈련을 시킨 한국인들을 전선에
투입해야 할 만큼 태평양 전쟁에서 일본의 패색이 짙어지고 있었다
는 것입니다. 군인으로 동원된 한국인들은 사망과 행방불명, 부상
등의 피해를 입었을 뿐만 아니라 자살 폭격을 강요받은 카미카제
특공대 등 전사한 자들은, 죽어서도 일본군으로 야스쿠니에 합사(合
祀)되는 비극을 겪게 되었습니다.

일본군 '위안부' 문제, 미완의 해방을 환기하다

이미 잘 알려졌듯이, 일본은 만주 사변 이후 태평양 전쟁에 이르
기까지 전선에서는 일본군 '위안부'가 된 여성들도 있었습니다.
1991년 고(故) 김학순 할머니의 증언으로 이 문제는 가시화되기 시
작했습니다. 일본군 '위안부' 문제가 일본의 식민지 지배와 전쟁 책
임을 둘러싸고 가장 첨예한 문제로 부상한 것은 그만큼 반인륜적
인 전쟁의 참극임에도 일본 정부의 진정한 인정과 사과가 없었기
때문일 것입니다. 일본군 '위안부'는 만주 사변 이후부터 태평양 전

◀ 평화의 소녀상

쟁에 이르기까지, 일본이 일본군의 사기 진작, 성병 억제 및 관리, 군사기밀 유지 등을 위해 '위안소'를 설치하고 점령지나 식민지의 여성들을 강제 동원하여 일본군의 성노예 생활을 강요당한 여성을 지칭하는 것입니다. 일본군 '위안부'는 당시 사용했던 역사적 용어로 사용하되, '위안'이란 말이 그 성격과 의미를 호도하는 것을 방지하기 위해 작은 따옴표를 사용하여 쓰입니다. 그들이 일본군의 성범죄 피해자이며, 이 일이 일본 정부 차원의 범죄 행위임을 명백하게 규정하게 된 계기는 이들에 대한 일본의 사죄를 권고한 UN 인권위원회의 결의안 채택이었습니다. 1992년 한국의 위안부 운동의 주도하에 6개국 시민 단체들이 연대한 결과 UN은 이 문제를 상정, 검토하기 시작합니다. 1996년 인권위원회 결의안의 기초가 된 보고서는 '어떤 경우에라도 이 여성들은 군대의 보호와 감독, 주기적인 성병 검진 등 엄격한 통제 가운데 지속적으로 강간 대상이 된 성노예(military sex slavery)였다'고 보고했습니다. 그들은 '위안소'에서 떠날 자유는커녕 기본적인 생활조차 통제받았기 때문입니다.

가장 많은 생존 피해자들의 증언이 있었던 한국의 경우, 연행 당시의 나이가 11세에서 27세에 이르며, 피해자 대다수가 취업 사기, 유괴, 납치 등의 방식으로 동원되었습니다. 많게는 20만을 상회할 것으로 추정할 뿐 일본군 '위안부'는 그 동원의 규모를 파악할 수 없습니다. 일본 정부나 일부의 일본인·한국인은 이 상황을 강제 동

한 '위안부'의 구출 최근 일본군 '위안부'인 만삭의 여성이 연합군에게 구출되어 만세를 외치는 모습의 영상이 한 방송국에 의해 발굴되었습니다. 1944년 9월 7일 촬영된 이 영상은 중국 윈난성 쑹산에서 중·미 연합군이 일본군의 진지를 함락한 후의 모습을 담고 있었습니다. 중국군으로 보이는 남성들이 만세를 부르자 이 '위안부'는 그제서야 상황을 파악한 듯 감격스러운 웃음을 짓고 함께 만세를 불렀습니다. 해당 여성은 북한에 거주하다가 돌아가신 '위안부' 박영심 할머니라고 합니다.

원의 사실을 부정하는 근거로 활용하지만, 이는 가난한 하층민 여성들의 동원이 법에 의지할 필요도 없이 무작위적이었다는 것을 뜻할 뿐입니다. 즉, 전쟁에 의한 '셀 수 없을 정도'의 인명 피해란 무고한 희생자들의 엄청난 규모만을 뜻하는 것은 아닙니다. 애초부터 이렇게 '셀 필요조차 없는 것'으로 취급된 사람들의 죽음은 여전히 이 전쟁과 관련한 진상 규명과 기억, 책임과 사죄의 과제를 남기고 있습니다. 이러한 과제가 남아 있는 한, 1945년 8월 15일의 해방은 여전히 미완의 해방일 것입니다.

시청해 봅시다

일제 강점기를 다룬 다음 영화와 드라마를 감상해 보고, 전쟁의 잔혹함과 징용, 징병, 일본군 '위안부' 등 강제로 동원된 한국인들의 비극에 대해 생각해 봅시다.

- 영화 〈귀향〉(2015)
- 영화 〈동주〉(2015)
- 영화 〈군함도〉(2017)
- 영화 〈눈길〉(2017)
- 영화 〈말모이〉(2018)
- 영화 〈주전장〉(2018)
- 영화 〈김복동〉(2019)

해방과
민족 분단

이런 것들을 배워 봅시다

1945년 8월 15일 일본은 연합군에게 무조건 항복을 선언하였습니다. 해방을 맞이한 한국인들은 본격적으로 건국을 준비하게 됩니다. 그러나 미국과 소련 사이의 냉전은 우리 민족의 의사와는 상관없이 38선을 경계로 한 분할 점령으로 이어졌습니다. 좌우 대립으로 통일 정부의 수립이 어려워지면서, 남과 북에 각각 이념이 다른 정부가 수립됩니다. 남과 북의 정부는 서로를 적대시하였고, 남북 간의 군사적 긴장은 점점 고조되었습니다. 결국 1950년 6월 25일 한국 전쟁이 발발하였고, 1953년 7월 27일 정전 협정이 체결될 때까지 3년간 계속된 전쟁으로 엄청난 인적·물적 피해를 입게 됩니다.

- 38선의 유래와 남북의 분단 과정에 대해 생각해 봅시다.
- 한국 전쟁이 발발하게 된 배경과 전쟁의 경과 등을 살펴보고, 지금도 여전히 국제 질서를 지배하는 약육강식의 정글의 법칙에 대해 생각해 봅시다.

찾아가 봅시다

- 거제포로수용소유적공원
  (경상남도 거제시)
- 전쟁기념관(서울시 용산구)

- 대한민국역사박물관(서울시 종로구)
- 판문점(경기도 파주시)

1944	1945		1946-1947	1947	1948
조선 건국 동맹 조직	일본의 항복 선언(8.15), 조선 건국 준비 위원회 조직	모스크바 삼상 회의 (12.27)	미소 공동 위원회 개최, 좌우 합작 위원회 출범	유엔 총회 남북총선거 결의 (11월)	유엔소총회 남한 단독선거 결의(2.26)

▌ 해방을 맞아 건국을 준비하다 ▌

1945년 8월 15일 일본이 무조건 항복을 선언하며 제2차 세계대전은 연합국의 승리로 끝이 났습니다. 서울 거리는 해방의 감격과 환호로 넘쳐났습니다.

국내외의 독립운동가들은 일본의 패전을 예견하며 이전부터 건국을 준비하고 있었습니다. 여운형(呂運亨)을 비롯한 국내 중도 세력들은 1944년 8월 16일 비밀리에 조선 건국 동맹을 조직하였습니다. 여운형 등은 일본의 패망 직전 일본인이 무사히 귀국할 수 있도록 돕는 대신 한국의 치안 유지와 건국 활동을 방해하지 않기로 총독부와 협의하였습니다. 그리고 해방 당일 조선 건국 동맹을 조선 건국 준비 위원회(약칭 건준)로 개편하고 지역마다 치안대, 보안대 등을 조직하는 등 본격적인 건국 준비에 들어갔습니다.

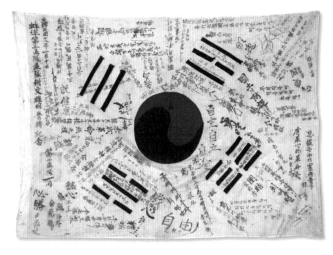

▼ 한국광복군
서명문 태극기
ⓒ문화재청

건준의 활동에는 정파나 이념과 관계없이 폭넓은 인사들이 참여하였습니다. 건준은 8월 말 이미 전국적으로 145개의 지부를 설립하였고, 미군의 진주 직전 조선의 협상 주체를 명확히 하고자 서둘러 조선인민공화국 수립을 선포하였습니다(9월 6일). 조선

남북 협상
(4.19~30)

제주 4·3사건

대한민국 정부
수립(8.15)

조선 민주주의
인민 공화국 수립(9.9)

한국 전쟁

인민공화국은 해방 후 한민족에 의해 최초로 공포된 공화국이었다는 점에서 의미가 깊습니다.

　한편 국외에서도 해방과 건국을 위한 준비는 다양한 세력에 의해 이루어지고 있었습니다. 대표적인 세력이 충칭의 대한민국 임시 정부입니다. 김구(金九)를 중심으로 하는 임시 정부는 한국광복군￮을 창설하여 연합군의 일원으로 국내 진공 작전을 준비하고 있었는데, 일본이 예상보다 빨리 항복하는 바람에 무산되고 말았습니다. 또 중국 옌안(延安)에서 활동하던 조선 독립 동맹￮￮과 조선 의용군￮￮￮은 중국 공산당을 도와 국공 내전에 참여하면서 해방을 준비하고 있었고, 김일성(金日成) 등 소련으로 갔던 동북 항일 연군 소속 한인들은 남하하는 소련군과 함께 제일 먼저 한반도 북쪽에 진입하였습니다. 미국에서 독립운동을 하던 이승만(李承晚)도 해방 직후 서울로 돌아왔습니다.

▎미국과 소련이 남과 북을 나누어 점령하다 ▎

건국을 준비하던 다양한 한국인 세력은 모두 정부 수립의 주체가 되지 못한 채 그 자리를 미국과 소련에게 내주어야 하였습니다. 38선의 등장은 그 시작이었습니다. 일본이 투항하자 연합국 최고사령부는 북위 38도를 경계로 한반도 이남은 미국이, 이북은 소련이 일본군의 항복과 무장 해제를 담당하기로 결정하였습니다. 미국은 소련이 일본 본토까지 진공하여 전후 영향력을 행사할 것을 염려해

한국광복군
(韓國光復軍,
1940-1946)이란?￮

충칭 대한민국 임시 정부가 1940년 창설한 정규군으로, 1941년 독일과 일본에 선전 포고를 하고 연합군의 일원으로서 중국, 인도, 버마, 필리핀 전선 등에 참전하였습니다.

조선 독립 동맹(朝鮮
獨立同盟)이란?￮￮

1942년 결성되어 항일 무장 투쟁을 이끌었던 사회주의 독립운동 단체로서, 김두봉과 최창익을 중심으로 중국 공산당과 연합하여 활동하였습니다. 해방 후에는 대부분 북한으로 들어가 이른바 연안파(延安派)의 핵심이 되었습니다.

조선 의용군(朝鮮義
勇軍)이란?￮￮￮

1942년 7월 조선 독립 동맹 산하에 설립된 독립운동 무장 단체입

니다. 1938년 김원봉이 한커우(漢口)에서 창설한 조선 의용대 중 일부가 한국광복군으로 편입된 후 나머지 주력 부대인 화북 지대(華北支隊)를 확대·개편한 것이 조선 의용군입니다.

▼ 38선
미 점령지와 소련 점령지 사이에 있는 38선의 모습. James R McDonald T/4(병장과 상병 사이)가 바닥에 "38"이라는 숫자를 그리고 있다.
ⓒ국립문서기록관리청

▼▶ 일장기를 내리고 성조기를 게양하는 미군

한반도 분할 점령을 제안하였고, 소련은 동북아시아에서 자신의 이권을 보장받기 위해 그 제안에 동의한 것입니다. 그 결과 유럽에서는 패전국인 독일이 4대국에 의해 분할 점령된 데 비해 아시아에서는 패전국 일본 대신 애꿎은 한반도가 분할되고 말았습니다.

38선 이남에서 해방을 기뻐하는 함성은 8월 15일에 이미 울려 퍼졌지만, 정식 해방은 미군이 한반도에 도착할 때까지 유예되었습니다. 9월 2일 도쿄에서 일본과 항복 문서 조인식을 진행한 미군은 9월 8일 인천을 거쳐 서울에 도착하였습니다. 다음 날 일본군의 항복 문서 조인식을 거행한 미군은 조선 총독부 건물에서 일장기를 내린 뒤 대신 미국 성조기를 게양하였고, 38선 이남에서 유일한 정부는 미군정이라고 선포하였습니다. 미군은 건준이 선포한 조선인민공화국은 물론이고, 당시 들뜬 마음으로 귀국을 준비하고 있던 충칭의 임시 정부도 인정하지 않았습니다.

게다가 미군정은 통치의 편의를 위해 일제 강점기의 관료제도와 경찰기구를 부활시키고 친일파를 다시 등용하였으며, 좌익 인사를 탄압하고 우익 인사를 지원하였습니다. 미국은 한반도의 독립과 자주적 정부 수립보다는 소련과 공산주의 세력을 견제할 수 있는 국가를 수립하는 데 더 많은 노력을 기울였습니다.

한편 소련은 8월 말에 이미 북한 전체를 장악하였습니다. 소련 군 역시 연합국의 원칙에 따라 해방 직후 귀국하려던 조선 독립 동 맹과 무장한 조선 의용군의 입국을 허락하지 않았습니다. 결국 그 들 역시 충칭 임시 정부나 한국광복군처럼 무장해제 후 개인 자격 으로 돌아오거나 발걸음을 돌려 중국의 국공 내전에 참여하였습니 다. 소련은 한인 자치 조직인 인민위원회를 인정하는 대신 그 내부 에서 사회주의 세력을 지원하는 방식을 통해 자신들에게 유리한 정 권을 세우려 하였습니다.

모스크바 삼상 회의 란?

1945년 12월 16-25일 모스크바에서 개최된 미국, 영국, 소련 3개 국 외무 장관 회의로 한국을 비롯한 여러 지역의 전후 처리 문 제가 논의되었습니다.

신탁 통치, 찬성할 것인가 반대할 것인가

해방을 맞은 한국인들은 38선 분할 점령에 불안해하면서도 처음에 는 미군과 소련군의 진주를 환영하였습니다. 연합국 덕분에 일제로 부터 해방이 되었듯이 머지않아 자주 독립 국가도 건설될 것이라고 믿었기 때문입니다. 하지만 한국인들의 바람과는 달리 1945년 12월 모스크바 삼상 회의에서 한국에 임시 정부를 수립하고, 이를 위해 미소 공동 위원회를 개최하며, 5년간 4개국의 신탁 통치(信託統治)를 실시하기로 결정하였습니다.

모스크바 삼상 회의 결정은 거센 반발을 불러일으켰고, 신탁 통치 반대 운동, 즉 반탁운동이 격렬하게 벌어지기 시작하였습니다. 그런데 얼마 후 신탁 통치보다 임시 정부 수립 조항에 더 주목한 좌 익 세력이 전략을 바꾸어 모스크바 삼상 회의 결정을 지지하며 찬 탁 운동을 벌이게 됩니다. 결국 신탁 통치를 둘러싸고 우익을 중심 으로 한 반탁 운동과 좌익을 중심으로 한 찬탁 운동이 극렬하게 대 립하게 되었습니다. 당시 세력이 약했던 우익들은 찬탁을 주장하는 좌익을 민족 반역자라고 비난하며 정국의 주도권을 장악하기 시작 하였습니다. 그 과정에서 반탁을 주장한 많은 친일 인사들이 갑자기

애국자로 둔갑하였는데, 이는 정부 수립 후 본격적으로 시작된 친일 청산에 큰 걸림돌이 되었습니다.

1946년 3월 임시 정부 수립을 위한 미소 공동 위원회가 개최되었습니다. 그런데 정부 수립 협상 대상에 소련은 모스크바 삼상 회의를 지지하는 세력만 포함하자고 주장한 반면, 미국은 반대 세력까지 모두 포함하자고 주장하며 대립을 거듭하였습니다. 그러자 이승만은 통일 정부 수립이 어려우면 남쪽만이라도 먼저 정부를 수립하자는 단독 정부안을 주장하기 시작하였습니다. 이에 위기감을 느낀 여운형과 중도 세력들은 단독 정부 수립 반대 및 통일 정부 수립을 목표로 좌우 합작 운동을 전개하였습니다. 그러나 1947년 좌우 갈등이 여전한 가운데 여운형이 암살되고, 미소 간의 냉전이 본격화되면서 미소 공동 위원회는 아무런 성과 없이 결렬되고 말았습니다.

남과 북에 이념이 다른 단독 정부가 수립되다

미소 공동 위원회가 해산되자 미국은 1947년 8월 한국 문제를 유엔 총회에 상정하였습니다. 11월 유엔 총회는 유엔 감시하에 남북한 총선거를 실시하여 한국 정부를 수립하자는 미국의 제안을 통과

시켰지만, 소련과 북한의 반대로 남북한 총선거는 불가능한 상황이 되었습니다. 유엔은 다시 선거가 가능한 남한만의 총선거안을 통과 시켰고, 남한의 이승만과 반공 세력은 이를 환영하며 선거 준비에 돌입하였습니다.

대다수의 민족 우파와 중도 세력 그리고 좌익 세력은 남한만의 선거는 민족 분단의 길이라며 적극 반대하였고, 서둘러 통일 정부 수립을 위한 남북 협상을 추진하였습니다. 그 결과 1948년 4월 평양에서 남북 47개의 단체 대표 545명이 참석한 '남북 제정당 사회단체 연석회의'를 개최하여 외국 군대의 즉시 철수, 총선거를 통한 통일 정부 수립, 남한만의 단독 선거 반대 등을 결의하였습니다. 제주도에서는 단독 선거 반대를 주장하는 무장봉기가 일어나 수만 명의 제주도민이 학살되었습니다(제주 4·3사건). 그러나 이러한 노력과 희생에도 불구하고 1948년 5월 10일 끝내 남한만의 단독 선거가 실시되었습니다.

선거를 통해 구성된 제헌 국회는 국호를 대한민국으로 정하고 7월 17일 헌법을 공포하였으며, 그에 따라 8월 15일 이승만을 대통령으로 하는 남한 단독 정부가 수립되었습니다. 12월 유엔 총회는 대한민국 정부를 유일한 합법 정부로 선언하는 동시에 남한 정부의 관할권은 유엔 감시하에 선거가 가능했던 38선 이남에 한정된다고 명시하였습니다.

▼ 대한민국 정부 수립 선포식

남한에서 대한민국 정부가 수립되자 북한에서도 최고인민회의 대의원을 선출하여 헌법을 제정하고, 9월 9일 김일성을 수상으로 하는 조선 민주주의 인민 공화국 정부 수립을 선포하였습니다. 소련과 동구권의 사회주의 국가들은 곧바로 북한 정부를 승인하였습니다. 한반도 남북에 각각 이념을 달리하는 두 개의 정부가 들어선 것입니다. 이로써 애초 미소 간 임시 군사 분할선에 불과했던 38선은 남북 분단의 경계선이자 미소 냉전의 최전선이 되고 말았습니다.

태평양 동맹(太平洋同盟, Pacific Pact)이란?•

1949년 대만의 장제스, 남한의 이승만, 필리핀의 퀴리노는 아시아에도 북대서양조약기구(NATO) 같은 반공 집단 안보체제가 필요하다고 말하며 태평양 동맹의 설립을 촉구하였습니다. 태평양 동맹은 미국과 인도 등의 반대로 결국 무산되었지만, 대신 한국 전쟁 종결 후 세계 반공 연맹의 전신인 아시아 민족 반공 연맹이 결성되었습니다.

애치슨 라인 (Acheson line)이란?••

1950년 1월 12일 미국의 국무 장관 애치슨이 발표한 극동 방위선을 말하며, 알류샨 열도-일본-오키나와-필리핀으로 연결되며 한반도와 대만은 제외되어 있습니다.

중소 우호 동맹 상호 원조 조약(中蘇友好同盟互助條約)이란?•••

1950년 2월 14일 중국인민공화국과 소련 간에 맺은 동맹 및 원조에 관한 조약으로, 1945년 장제스 국민

▌ 한국 전쟁, 동족상잔으로 분단이 고착되다 ▌

서로 다른 이념을 가진 남과 북의 정부는 각각의 체제를 강화하는 한편 서로를 적대시하였습니다. 남한의 이승만은 공공연히 '북진통일'을 주장하는가 하면 대만의 장제스(蔣介石)와 함께 태평양 동맹• 결성을 추진하며 북한을 압박하였습니다. 북한 역시 '조국의 해방과 통일'을 목표로 소련으로부터 무기를 지원받고 중국으로부터 국공내전에 참여했던 3개 사단의 조선인 군대를 송환받는 등 군사력 증강에 힘썼습니다. 1948년 12월 소련군이 철수하고 1949년 6월 미군이 철수한 후 38선 부근에서는 거의 매일 무력 충돌이 발생하는 등 남북 간 군사적 긴장은 점점 더 고조되었습니다.

북한은 미국의 애치슨 라인•• 선언에 이어 소련과 중국 사이에 중소 우호 동맹 상호 원조 조약•••이 체결되자 대외적 여건이 자신들에게 유리하다고 판단하였고, 소련과 중국으로부터 전쟁 지원 약속을 얻어냅니다. 결국 1950년 6월 25일 전격적으로 남침을 감행한 북한군은 공격 개시 3일 만에 서울을 점령하였고, 9월에는 부산과

▼ 애치슨 라인

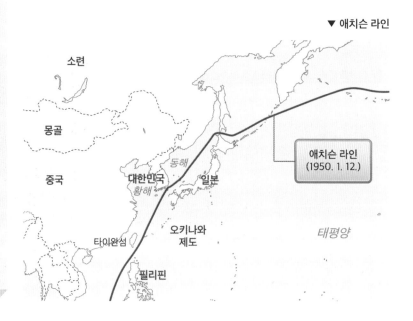

대구 지역 일부를 제외한 남한 전역을 장악하였습니다.

미국은 전쟁이 발발하자 즉각 한반도에 미군을 파견하고 대만 해협에 해군 제7함대를 파견하였습니다. 또한 유엔 안전 보장 이사 회를 소집하여 북한의 남침을 규탄하고 유엔군을 파견하도록 주도 하였습니다. 그에 따라 유엔 창설 이래 처음으로 미국, 영국, 프랑스 등 16개국으로 구성된 유엔군이 파견되었습니다. 맥아더의 지휘하 에 9월 15일 인천 상륙 작전에 성공한 유엔군은 28일 서울을 탈환 한 뒤 기세를 몰아 빠른 속도로 북진을 계속하였고, 10월 말에는 한 반도의 최북단 압록강까지 이르렀습니다.

전세는 중국 인민 지원군의 참전으로 또 다시 역전되었습니다. 중국의 경고에도 불구하고 유엔군이 38선을 넘어 북진을 계속하자 결국 중국이 "미제에 저항하고 조선을 돕는다(抗美援朝)"는 명분하에 참전을 결정한 것입니다. 예상치 못한 대규모 중국군의 참전에 유 엔군은 속절없이 남쪽으로 밀려났고, 1951년 1월 4일에는 서울이 다시 함락되고 맙니다. 그 후 유엔군은 다시 공세를 시작해 서울을 탈환하고 5월 중순 이후에는 38도선 근처까지 진격하였습니다. 이 때부터 전쟁은 교착 상태에 빠졌고, 결국 7월부터 휴전 회담이 시작 되었습니다.

당 정부가 소련과 맺 은 중소 우호 동맹 조 약에서 소련에게 양보 했던 동북지역의 각종 이권을 중국에 되돌려 주기로 하였습니다.

▼ 한국 전쟁의 경과

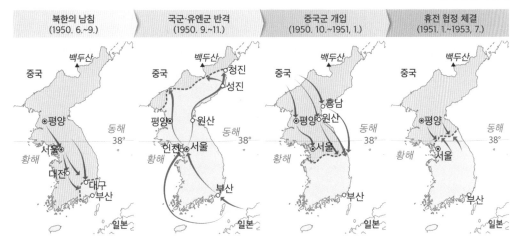

▶ 휴전선

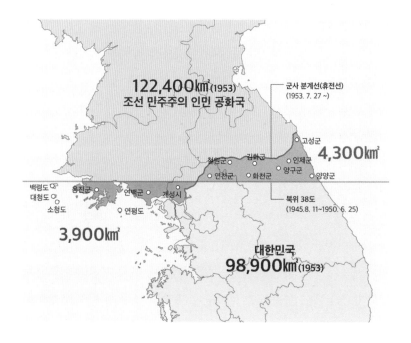

122,400㎢(1953)
조선 민주주의 인민 공화국

군사 분계선(휴전선)
(1953. 7. 27 ~)

고성군
4,300㎢

철원군   김화군   인제군
연천군   화천군   양구군   양양군

백령도
대청도   옹진군   연백군   개성시
소청도   연평도

북위 38도
(1945.8. 11~1950. 6. 25)

3,900㎢

대한민국
98,900㎢(1953)

휴전 회담은 2년이나 지속되었는데, 가장 걸림돌이 된 것은 바로 포로 교환 문제였습니다. 유엔군 포로보다 공산군 포로 수가 압도적으로 많았고, 공산군 포로 중 상당수가 북한이나 중국으로 송환되기를 극렬하게 거부하였기 때문입니다. 미국은 유례없는 자원 송환 원칙을 제시하였고, 중국이 여기에 반발하면서 포로수용소는 참혹한 이데올로기 전쟁터로 변해버렸습니다. 결국 중국이 한 발 물러섰지만 자원 송환을 위한 절차 진행에도 상당한 시간이 소요되었습니다. 1953년 7월 27일 유엔군, 중국군, 북한군 사이에 휴전 협정이 체결되었습니다. 남한의 이승만 정권은 휴전 반대와 북진 통일을 고집하며 끝내 협정에 서명하지 않았습니다. 그 후 전후 평화 협정이 1954년 제네바에서 열렸지만 끝내 결렬되고 말았습니다.

전쟁은 남북 모두에게 막대한 피해를 남겼습니다. 3년간의 전쟁으로 민간인 포함 500만 명 이상의 사상자가 생겼습니다. 조금이라도 땅을 더 차지하기 위한 양측의 치열한 전투가 휴전 협정 체결 당일까지 계속되면서 회담 전보다 오히려 더 많은 인명 피해가 발생하였습니다. 또한 전쟁 중 북한은 우익을, 남한은 좌익을 대상으로 정치적 숙청을 자행하였고, 양측 간에 점령과 수복이 반복될 때마다 상대방에 의해 벌어진 부역자° 숙청과 보복 행위로 인해 무고한 민간인이 대량으로 학살되었습니다. 물론 경제적 피해도 극심하였습니다. 정전 회담 기간에도 계속된 유엔군의 폭격으로 북한 산업 시설의 60%가 파괴되었고, 남한도 42%가 파괴되었습니다.

무엇보다 전쟁은 남과 북에 사회 전체적으로 너무나 깊은 적대심을 각인시켰습니다. 남한과 북한은 각각 반공과 반미를 불가침의 지배 이데올로기로 삼고 상호 비난과 도발을 계속하며 일촉즉발의 군사적 긴장상태 속에 놓이게 되었습니다. 이 같은 남북 간 긴장은 다시 남북 모두의 내부에서 권위주의 체제를 용인하고 민주화를 가

부역자(附逆者, collaborator)란?°

부역이란 이적 행위(利敵行爲, benefiting the enemy)와 같은 말로서 적을 이롭게 하여 나라에 해를 끼치는 것을 말하며, 부역자란 그러한 행위를 한 사람을 말합니다.

더 알아봅시다

한국 전쟁과 자원 송환 원칙 휴전 회담 과정에서 가장 어려움을 겪은 문제는 전쟁 포로 문제였습니다. 국제 협정에 따르면 전쟁 포로는 본국으로 즉시 송환해야 합니다. 당초 공산군 측은 무조건 본국 송환의 원칙을 제시하였는데, 미국은 본국 송환을 거부하는 공산권 포로를 강제 소환하는 것이 인도주의 원칙에 어긋난다는 이유로 포로의 자유의사를 존중하는 '자원 송환 원칙(自願送還原則)'을 내세웠습니다. 그에 따라 북한군 포로 17만여 명 중 절반 이상이 남한에 남았고, 중국군 포로 2만1000여 명 중 3분의 2에 해당하는 1만4000여 명이 대만으로 송환되었습니다.

◀ **광주 중앙 포로수용소 전경**
ⓒKorean War - 60th Anniversary
Photo Archive

로막는 악순환을 초래하였습니다. 치열한 전투의 상흔을 고스란히 간직한 휴전선은 지금도 38선을 대신해 남북한 분단의 경계선으로 오롯이 남아 있습니다.

시청해 봅시다

미소 냉전은 해방 정국의 한반도에 큰 영향을 미쳤습니다. 극심한 좌우 대립은 통일 정부의 수립을 어렵게 하였고, 남과 북에 각각 다른 정부가 수립됩니다. 관련 영상을 감상해 보고 이 시기 한반도의 모습을 생각해 봅시다.

· 드라마 〈여명의 눈동자〉,
  MBC(1992)

· 드라마 〈서울 1945〉, KBS(2006)

· 영화 〈태백산맥〉(1994)

· 영화 〈태극기 휘날리며〉(2004)

· 영화 〈포화속으로〉(2010)

· 영화 〈고지전〉(2011)

4·19 혁명과
5·16 군사 정변

이런 것들을 배워 봅시다

1945년 8·15 해방 이후, '식민-분단-전쟁-냉전'의 소용돌이 속에서 이승만 정권이 12년 간 지속됐습니다. 그러나 1960년, 자유와 평등을 갈망하는 시민들이 어둠을 뚫고 등장했습니다. 한국 민주주의의 현대적 기원인 4·19 혁명은 대통령의 하야를 이끌어냈습니다. 그러나 잠시 가능했던 민주화 국면은 5·16 군사 정변으로 금세 지나가버립니다. 박정희를 중심으로 한 젊은 장교들이 국가 안정을 빌미로 총을 들고 쿠데타를 일으킨 것입니다. 이로써 한국의 민주주의는 또 한 번 혹독하게 긴 겨울을 맞이해야 했습니다.

- 4·19 혁명이 성공할 수 있었던 이유를 생각해봅시다.
- 5·16 군사 정변이 전체 한국 역사에 미친 영향을 알아봅시다.

찾아가 봅시다

- 2·28 민주운동기념회관(대구시 중구)
- 국립 4·19 민주묘지(서울시 강북구)
- 국립 3·15 민주묘지(창원시 마산회원구)
- 4·19 혁명기념도서관(서울시 종로구)

1948
초대 대통령
이승만 선출(간선),
대한민국 선포

1948-49
반민족 행위
특별 조사 위원회
활동

1952
제2대 대통령 선거
이승만 선출(직선)

1956
제3대 대통령 선거
이승만 선출(직선)

1958
조봉암 간첩 혐의로
체포, 국가보안법
위반으로 사형

**반공주의(反共主義)
란?**

반공주의는 말 그대로
공산주의에 반대하는
주의입니다. 이는 원칙
적으로 자본주의를 지
지한다는 것을 의미하
지만, 내용적으로는 북
한에 반대한다는 뜻입
니다. 또한 냉전을 배
경으로 미국 주도의
자유 진영과 강력한
동맹을 추구하려는 태
도를 지칭하기도 합니
다. 그렇기에 한국 사
회에서 반공주의는 북
한의 위협에서도 국가
를 지켜내기 위한 개
인들의 희생으로 연결
되기도 했습니다.

친일(親日)이란?

친일은 글자 자체로는
단지 일본에 친근감을
느끼는 상태를 말합니
다. 그러나 역사적으
로는 일본 제국주의가
강제로 조선을 침략하
고 점령했을 때, 그들
의 정책을 지지하거나
옹호했던 행위 전반을
포괄하고 있습니다. 이

▌ 반민특위가 좌절되고, 독재 정권이 시작되다 ▌

해방 후 한반도에는 38선을 경계로 남쪽에는 대한민국(Republic of Korea; R.O.K), 북쪽에는 조선 민주주의 인민 공화국(Democratic People's Republic Of Korea: DPRK)이 수립되었습니다. 그리고 동족상잔(同族相殘)인 한국 전쟁을 겪은 후, 남북에는 각각 대통령 이승만과 주석 김일성을 중심으로 안보(national security)를 강조하는 권위주의 정권이 창출되었습니다. 그러나 한국이 북한과 달랐던 역사적 순간이 있었습니다. 바로 1960년 4·19 혁명이 일어난 때였습니다.

먼저 이승만 정권이 어떻게 성립했는지를 살펴봅시다. 1948년 5·10 제헌 선거에서 당선된 국회의원들이 초대 대통령으로 이승만을 선출했습니다. 그러나 이승만 정권은 한국 전쟁 후 반공주의를 강력하게 내세우며 독재 체제를 구축하려고 했습니다. 이에 대한 징후는 이미 반민족 행위 특별 조사 위원회(反民族行爲特別調査委員會)의 활동이 좌절된 것에서 나타나고 있었습니다. 1948년 식민지기에 반민족 행위를 적극적으로 자행했던 자들을 조사하기 위해 반민특위가 설치됐습니다. 그러나 이 반민특위는 1949년 이승만 정권의 행정부와 경찰의 태만, 그리고 친일 세력의 방해에 의해 중단되었던 것입니다.

1960	1961	1963	1965

제4대 대통령 선거
이승만 선출(직선)

4·19 혁명, 제4대
대통령 선거
윤보선 선출(간선)

5·16 군사 정변

제5대 대통령 선거
박정희 선출(직선)

한일 기본 조약
조인

사법 살인과 부정 선거가 일어나다

이 시기 주목할 만한 인물로는 조봉암(1898~1959)이 있습니다. 그는 제헌 국회 의원과 초대 농림부 장관을 역임하였고, 대통령 후보로도 두 차례나 출마해 인기를 얻으면서 이승만의 가장 큰 경쟁 상대가 된 인물입니다. 평화통일론을 기치로 한 진보당을 창당하여 활발하게 활동하던 조봉암은 1958년 1월 국가보안법 위반으로 체포되었습니다. 북한의 자금을 받은 간첩으로서 국가 반란을 도모했다는 혐의였습니다. 결국 그는 1959년 7월 사형을 당했습니다. 하지만 지금은 이것이 이승만 정권의 사법 살인이었다는 사실이 널리 인정되고 있습니다. 냉전 체제하의 이승만 정권은 스스로를 반공주의에 대항하는 자유주의 수호자로 선전했지만, 이 사건은 과연 진정한 정치적 자유란 무엇인가를 다시 생각하게 만드는 계기가 되었습니다.

　결정적으로, 1960년 3월 15일 대통령 선거에서 부정 선거가 의심되는 상황이 발생했습니다. 정부는 '선거에 부정은 없었다'며 오리발을 내밀었지만, 이 말을 믿는 이는 많지 않았습니다. 이러한 불신이 생긴 것은 과거의 무리한 개헌 때문이기도 했습니다. 우선 대통령 직선제로의 개헌은 1952년 한국 전쟁 중 피난지 부산에서의 위헌적 개헌으로 이루어졌습니다. 이로 인해 제2대 대통령 선거에서 이승만은 재선될 수 있었습니다. 이승만과 자유당은 여기에 그치지 않고, 1954년의 선거에서 다시 대통령에 중임되기 위해 초대 대통령의 3선 금지조항 폐지 등을 담은 헌법 개정안을 표결에 부쳤

표현은 주로 비판의 맥락에서 지금도 자주 사용되고 있습니다.

냉전이란?

냉전이란 제2차 세계 대전 이후 미국과 소련을 중심으로 동맹 관계가 해체되고, 국제적 대립 관계가 형성된 것을 말합니다. 원래는 서유럽 자본주의 진영과 동유럽 공산주의 진영 간의 전쟁 없는 대립을 의미했습니다. 그러나 동아시아에서는 한국 전쟁뿐 아니라 베트남 전쟁에서 보듯, 열전을 촉발시키는 이데올로기적 대립으로도 이해될 수 있습니다.

**사사오입 개헌이
란?•**

당시 헌법 개정안이
통과되기 위해서는
재적 인원 203명 중
3분의 2에 해당하는
136표가 필요했습니
다. 그런데 표결 결과
는 여기에 1표 부족한
135표가 나왔습니다.
그러나 자유당 측에서
는 203명의 3분의 2는
'135.333....'이고, 결
국 0.4도 안 되는 수는
반올림할 수 없기에
135표로도 의결 정족
수를 충족한다고 주장
했습니다. 그것이 결국
헌법으로 공포된 것입
니다.

습니다. 이때의 결과는 소위 '사사오입(四捨五入) 개헌•'이라는 유명한
사건을 낳게 됩니다. 이렇듯 또 한 번의 위헌적 개헌을 통해 이승만
은 1956년 제3대 대통령 선거에서도 당선될 수 있었습니다.

　　민중들은 이상과 같은 이승만 정권의 반민주주의적 행태를 거
듭 경험한 상태였습니다. 아니나 다를까 1960년 3월 제4대 대통령
선거에서도 사전 투표, 명부 조작, 투표함 바꿔치기, 개표수 조작 등
부정 선거의 정황들이 나타났습니다. 이제는 혁명의 시간이 다가오
고 있었습니다.

최초의 시민 혁명 4·19가 성공하다

"대한민국은 민주 공화국"(헌법 1조 1항)이었지만 여전히 "대한민국의
주권은 국민에게 있고, 모든 권력은 국민으로부터 나온다"(헌법 1조
2항)라는 헌법 조항은 실현되지 않고 있었습니다. 그러나 식민지기
와 해방기의 격동 속에서 전통사회의 신분구조는 이미 해체된 상태
였습니다. 이제 왕과 양반만이 주도하는 나라가 아니라, 자본가와
노동자, 그리고 도시민과 농민이 각자의 영역 속에 존재하고 있었

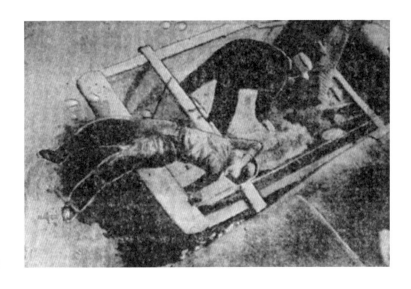

▶ **김주열의 시체를
인양하고 있는 모습**
©동아일보(1960년 4월 12일)

습니다. 또한 한국 전쟁의 폐허에서 사회적 평준화가 급속히 실현되었습니다. 남녀노소 모두 한글을 학습하여 문맹률은 크게 감소하였습니다. 누구나 계급상승을 꿈꿀 수 있었고, 이는 엄청난 교육열로 이어졌습니다. 거기에 전후 베이비붐으로 한 반에 100명이 넘는 학생이 2, 3부제로 수업을 해야 했습니다.

이렇게 초중등 교육을 받은 새로운 '한글세대'들이 1960년 4·19 혁명의 주역이 되었습니다. 학생들의 분노는 우선 2월 28일 대구에서 폭발했습니다. 이날 일요일, 정치유세에 참여하지 못하도록 정부가 학생들을 강제로 등교시키자, "학원을 정치도구화하지 말라"며 시위가 시작됐습니다. 그리고 선거 당일인 3월 15일, 선거 무효를 주장하는 마산 시민을 향한 경찰의 발포가 있었습니다. 이승만의 당선이 공식적으로 발표됐지만, 분노한 이들의 시위는 멈추지 않았습니다. 결정적으로 4월 11일, 마산 앞바다에서 눈에 최루탄이 박힌 김주열 학생의 시신이 떠오르자, 사태는 걷잡을 수 없게 되었습니다.

4월 19일, 마침내 대학생들의 시위가 서울에서 대대적으로 일어났습니다. 이날 시위대에는 고교생뿐 아니라, 중학생들도 일부 함께 하였습니다. 오후 1시 40분경, 이승만이 있는 경무대°로 시위대가 이동한 순간, 경찰의 발포가 시작됐습니다. 바로 '피의 화요일'의 서막이 오른 것이었습니다. 동시에 서울과 전국 곳곳에서 유혈 사태가 일어나 계엄령이 선포됐습니다. 다음 주가 되자 대학교수들이

경무대란?°

경무대(景武臺)는 청와대(靑瓦臺)의 옛 이름입니다. 원래 경무대는 경복궁의 북문 근처, 왕의 군대가 훈련하거나 왕이 농사를 짓는 넓은 지대를 말했습니다. 식민지 시기 경복궁의 근정전 앞뒤로 조선 총독부 건물과 총독 관저가 지어졌고, 해방 후에는 미군정의 하지 장군이 사용했습니다. 경무대는 바로 그 관저를 이승만 대통령이 사용하게 되면서, 새롭게 가져온 이름이었습니다. 그리고 4·19 이후 윤보선 대통령이 이 건물에 들어오면서, 푸른 기와의 집, 즉 청와대로 이름이 바뀌어 지금에 이르고 있습니다.

◀▼ 4·19 데모대 행진
ⓒ4·19 혁명기념도서관 소장
▼ 경찰의 공격을 규탄하는 어린 학생들 ⓒ민주화 운동기념사업회 소장

▲ 하와이로 망명을 떠나는 **이승만** ©경향신문(1960년 5월 29일)

내각 책임제란?

선거를 통해 구성되는 의회의 다수 의석을 차지하는 정당이 내각 구성권을 가지고 행정부를 책임지는 정치 제도입니다. 제2공화국은 민의원과 참의원으로 양원을 구성하고, 이 둘이 함께 국가수반인 대통령을 선출했습니다. 그러나 대통령은 국가를 대표하는 상징적 지위만을 가질 뿐, 실질적인 행정권은 민의원들이 뽑는 국무총리가 중심인 내각에서 보유했습니다. 이는 이승만 독재 정권을 부정하는 의미로, 다름 아닌 4·19 혁명의 성과이기도 했습니다. 그러나 곧 5·16 군사 정변으로 부통령도 없는 더 강력한 대통령 중심제가 채택됐던 것입니다.

"학생의 피에 보답하라"고 행진했고, 이때부터 '이승만 하야'의 목소리가 커졌습니다. 탑골 공원의 이승만 동상이 끌어 내려지고, 초등학생들까지 시위에 나설 정도가 되었습니다.

4월 19일로부터 일주일 후인 4월 26일 10시 20분경, 이승만은 "국민이 원한다면 물러나겠다"며 항복했습니다. 이로써 근 12년에 이르는 이승만의 독재 체제는 막을 내리게 되었습니다. 이승만은 곧 하와이로 망명을 떠나 다시는 돌아오지 못했는데, 이때 그의 나이는 85세였습니다.

비록 이날 4·19 혁명은 완수되었으나, 혁명의 유산은 단절될 수밖에 없었습니다. 얼마 지나지 않아 한 무리의 군인들이 새벽에 탱크를 앞세워 서울을 점령한 5·16 군사 정변이 일어났기 때문입니다.

▌제2공화국이 중단되고 군사 정권이 집권하다 ▌

바야흐로 4·19 혁명으로 민주적 선거가 실시될 수 있었고, 이로써 제2공화국이 시작되었습니다. 사람들은 진정한 민주주의가 실현되고 경제 정의가 이뤄질 것이라 기대하였습니다. 곧 북한과의 평화적 통일도 가능하리라는 전망도 나왔습니다. 그러나 대통령 윤보선과 국무총리 장면이 이끌었던 내각 책임제는 불과 1년을 넘기지 못했습니다. 대통령에게 과도한 권력이 집중되는 것을 막고자 했지만,

◀ 5·16 군사 정변 직후의
박정희와 군인들 ©민주화
운동기념사업회 소장

제2공화국은 다양한 개혁 요구에 적극적으로 대응하지 못하고 있었습니다.

1961년 5월 16일, 혼란한 나라를 바로잡겠다는 평계로 육군 소장 박정희를 필두로 소수의 군인들이 5·16 군사 정변을 일으켰습니다. 바로 군인 정치의 시작이었습니다. 그들은 군사 혁명 위원회를 국가 재건 최고 회의로 바꾸고, 대부분 군인으로 구성된 내각을 발표하였습니다. 모든 정당과 사회단체를 해체하였고, 국가 재건 비상 조치법을 공포하였습니다. 그리고 미국의 CIA와 FBI를 합친, 최고 회의보다 더 강력한 권력을 갖는 중앙정보부를 조직했습니다. 군인들은 혁명공약으로 반공주의를 재정비하겠다고 했고, 혁명 재판을 통해 반국가 행위를 직접 처벌했습니다.

그러나 당시는 4·19 혁명이 일어난 직후였고, 미국의 견제도 있었기에 그들 역시 군정(軍政)을 오래 지속할 수는 없었습니다. 이에 최고 회의 의장 박정희는 민정(民政) 이양을 약속했습니다. 그러나 그는 스스로 민주공화당의 대선 후보가 되어 대통령에 당선되기에 이르렀습니다.

대통령 박정희가 제일 처음 했던 일은 미국의 요구에 따라 일

▲ 한일 회담을 반대하는 데모
©동아일보(1965년 12월 30일)

본과의 국교 정상화를 위한 한일 회담을 재개하는 것이었습니다. 정통성이 취약했던 박정희 정권은 다시 '한일 굴욕 외교 반대'를 외치는 대학생들의 격렬한 저항에 부딪혔습니다. 그럼에도 1965년 6월 22일 한일 기본 조약은 조인됐고, 이로부터 식민 청산과 관련한 여러 가지 문제가 노정될 수밖에 없었습니다.

시청해 봅시다

4·19 혁명을 소재로 하는 다음 영화와 드라마를 살펴보고, 혁명의 순간을 여러 주인공을 통해 그려내는 의미에 대해서 생각해 봅시다.

- 드라마 〈명동백작〉 23부,
  EBS(2004)
- 드라마 〈누나의 3월〉, MBC(2010)

- 영화 〈효자동 이발사〉(2004)
- 영화 〈하류인생〉(2004)

문학 작품과 투쟁 4·19 혁명 이후 한국 사회는 민주주의의 가치와 이를 위한 투쟁을 중요하게 여겼습니다. 당시 이를 반영하는 문학 작품이 다수 발표됐는데, 대표적인 작품으로 김수영(1921-1968)의 시 〈푸른 하늘을〉(1960)과 최인훈(1936-2018)의 소설 《광장》(1961)을 꼽을 수 있습니다.

김수영은 〈푸른 하늘을〉을 통해 4·19 혁명의 경험과 자유를 향한 갈망을 다음과 같이 노래한 바 있습니다.

"푸른 하늘을 제압하는 / 노고지리가 자유로왔다고 / 부러워하던 / 어느 시인의 말은 수정되어야 한다. / 자유를 위해서 / 비상하여 본 일이 있는 / 사람이면 알지 / 노고지리가 / 무엇을 보고 / 노래하는가를 / 어째서 자유에는 / 피의 냄새가 섞여 있는가를 / 혁명(革命)은 / 왜 고독한 것인가를"

최인훈은 소설 《광장》을 통해 분단 문제를 본격적으로 다루면서, 특히 개인적인 '밀실'만이 가능한 한국 사회를 비판적으로 그려냈습니다. 그는 주인공 명준이 한국 전쟁 후 포로 송환 과정에서 남쪽도 북쪽도 아닌 중립국을 택하는 장면을 통해 분단 이데올로기에 정면으로 대항하였습니다.

"이런 사회. 그런 사회로 가기도 싫다. 그러나 둘 중 하나를 골라야만 한다. (…) 동무는 어느 쪽으로 가겠소? 중립국 (…) 아무도 나를 아는 사람이 없는 땅. 하루 종일 거리를 거리를 싸다닌대도 어깨 한번 치는 사람이 없는 거리. 내가 어떤 사람이었던지도 모를 뿐더러 알려고 하는 사람도 없다."

박정희 정부와 유신체제

이런 것들을 배워 봅시다

제6대 대통령으로 당선된 박정희는 3선 개헌 등을 통해 장기 집권 독재 체제를 열어 나갔습니다. 헌법 개정과 독재 정치에 반대하는 국민의 시위에 정권 유지가 어렵다고 생각한 박정희 정부는 군대를 통해 민주화 운동을 탄압하였습니다. 또한, 장기 집권에 대한 반발을 누르고, 국민의 안보 불안을 해소하기 위해 대북 정책을 바꾸었습니다. 그 결과 1972년 '7·4 남북 공동 성명'이 발표되기도 하지만, 그해 10월에 남북통일을 위한 사회 질서 안정을 명분으로 전국에 비상계엄이 선포되고 국회는 해산되었습니다(10월 유신). 이어서 비상 국무 회의가 열리고 헌법 개정안을 국민 투표를 거쳐 확정하였습니다(유신 헌법). 유신 헌법이 발포된 후 개헌 청원 등 재야인사와 학생들의 독재 체제 반대 운동이 거세졌습니다. 이를 탄압하기 위해 박정희 정부는 긴급 조치를 잇달아 발표하였고, 중앙 정보부는 '인민 혁명당'이라는 간첩단을 조작하여 관련자들을 잡아들였습니다. 이러한 탄압에도 유신체제에 반대하는 움직임이 계속되었고 '3·1 민주 구국 선언'과 '부·마 민주 항쟁'과 같은 민주화를 위한 국민의 열기가 분출되었습니다. 그러던 중 박정희 대통령이 피살되면서 유신 독재 체제는 막을 내리게 되었습니다.

• 역사박물관 등을 방문해 보고 1970년대 역동적으로 변화하는 한국의 정치사회사에 관해 생각해 봅시다.

찾아가 봅시다

▼ 1970년대 유신체제와
  민주화 운동 관련 자료
  · 역사박물관(서울시 종로구)
  · 부마 항쟁 발원지 표지석(부산시 금정구
  부산대학교 내)

· 민주화 운동기념사업회 기념관
  (서울시 용산구)
· 민주인권기념관(서울시 용산구)

1964

베트남 전쟁에
비전투 부대 파견

1967

제6대 대통령에
박정희 당선

1968

북한 무장 공비 청와대 습격
및 간첩단 파견
미국 푸에블로호 피랍 사건

1969

'3선 개헌' 통과
3선 개헌 반대 운동
닉슨 독트린 발표

1971

제7대 대통령에
박정희 당선

▌ 박정희 정부, 3선 개헌으로 장기 집권을 열다 ▐

박정희는 국가 재건 최고 회의 의장이던 1961년에 미국을 방문하여 케네디와 회담을 가졌습니다. 이 회담에서 그는 미국과의 유대 관계 지속과 반공 정책, 그리고 베트남전에도 적극적인 개입을 약속했고 대통령이 되어 이를 수행하였습니다. 베트남 전쟁 파병은 한일협정과 더불어 1967년 제6대 대통령 선거의 쟁점이 되면서 학생과 재야 세력의 거센 저항에 직면하였습니다. 그러나 경제 개발 5개년 계획과 같은 경제 정책의 성과가 나타나기 시작하면서 지지 기반을 넓힌 박정희는 야당의 윤보선 후보를 누르고 승리하면서 재집권에 성공하였습니다. 5·16 군사 정변 이후 1962년 12월에 선포된

▶ 3선개헌 음모분쇄
　서울대 강연회 전경
　ⓒ경향신문

1972	1973	1974	1976	1978	1979
7·4 남북 공동 성명 발표 10월 유신·유신 헌법 개정 제8대 대통령에 박정희 당선	김대중 납치 사건	제2차 인혁당 사건	3·1 민주 구국 선언	제9대 대통령에 박정희 당선	부·마 민주 항쟁 박정희 피살

베트남 전쟁과 한국군 파병 베트남 전쟁은 1960년에 결성된 남베트남 민족 해방 전선(북베트남의 지원)이 베트남의 완전한 독립과 통일을 위해 미국(남베트남 정부)과 벌인 전쟁이었습니다. 베트남의 독립을 위해 프랑스와 벌인 제1차 인도차이나 전쟁(1946-1954)과 구분해 제2차 인도차이나 전쟁이라고도 하고, 월남전(越南戰)이라고도 부릅니다. 남베트남 정부가 붕괴하는 1975년 4월까지 지속하였습니다. 초기에는 남베트남 내의 반정부 게릴라 조직인 남베트남 민족 해방 전선(N.L.F)과 남베트남 정부 간의 내전(內戰) 성격을 띠었으나, 1964년 8월 미국이 통킹만 사건을 구실로 북베트남을 폭격한 뒤로는 전면전으로 확대되었습니다.

베트남 전쟁이 확대되면서 미국은 한국에 파견을 요청하였습니다. 박정희 정부는 한국 전쟁을 도와준 나라에 보답하고 자유 민주주의를 수호해야 한다는 명분을 내세워 요청에 응하였습니다. 이에 1964년 의료진과 태권도 교관과 같은 비전투 부대 파견을 시작으로 1973년까지 베트남에 한국 군대를 파견하였습니다.

한국은 그 대가로 미국으로부터 국군의 전력 증강과 경제 개발을 위한 차관을 제공받았고, 그 결과 한미 동맹 관계가 공고해지고 경제 성장에 큰 도움을 받았습니다. 그리고 파병 군인들의 송금과 군수 물자 수출, 건설업체의 베트남 진출 등으로 외화를 벌어들이며 전쟁 특수로 경제 개발에 필요한 자금을 마련할 수 있었습니다.

그러나 전쟁을 치르는 동안 5,000명이 넘는 한국군이 목숨을 잃었고, 그보다 열 배가 넘는 이들이 부상을 입었습니다. 고엽제 피해자와 '라이따이한'(한국과 베트남 혼혈인) 등의 문제도 남았습니다. 또한, 이 기간에 반공 정책이 더욱 강화되었고, 군사 문화가 사회 전체로 확산되기도 하였습니다. 이로 인해 남북의 군사적 긴장이 높아졌고, 반공을 앞세운 국민 탄압이 강화되는 등 잃어버린 것도 많았습니다.

▶ 베트남 파견 장병 환송식

3선 개헌이란?

3선 개헌은 박정희가 세 번째로 연이어 대통령이 되기 위해 단행한 개헌이었습니다. 이전의 헌법에는 대통령의 연임 규정이 '1차에 한해서 중임할 수 있다'로 되어 있었습니다. 따라서 2차까지 연임했던 박정희 대통령은 헌법상 다시 출마할 수 없었습니다. 1969년 9월 14일 야당 의원들이 국회에서 밤샘 농성을 하는 사이, 여당은 다른 곳에서 몰래 법안을 통과시켰습니다. 이에 반대하던 야당과 재야 세력은 3선 개헌 반대 범국민 투쟁 위원회를 결성하였습니다. 학생들도 적극적으로 참여하여 반대 운동이 열렸고, 시위는 전국으로 확산되었습니다.

닉슨 독트린이란?

닉슨 독트린은 미국 닉슨 대통령이 아시아 문제에 다시는 군사적으로 개입하지 않겠다고 선언한 것으로, 한국 전쟁이나 베트남 전쟁처럼 미국이 군대를 보내 아시아인과 싸우는 일이 더 이상 없을 거라는 파격적인 내용을 담고 있습니다. '아시아는 아시아인에게'라

제3공화국 헌법에 따르면 대통령 임기는 4년으로 1차 중임이 가능했기 때문에 박정희 정권은 1971년에 끝나게 되어 있었습니다.

한편, 1968년 북한이 보낸 무장 게릴라가 청와대를 습격하는 등의 도발로 남한과 북한 사이에 긴장감이 고조되었습니다. 박정희 정부는 이러한 위기 상황을 극복하고 지속적인 경제 성장을 추진한다는 명분을 내세워 대통령의 3회 연임을 허용하는 3선 개헌을 추진하였습니다. 이에 반대하는 야당 의원들과 학생들을 중심으로 시위가 이어졌지만, 여당 의원들만 따로 모여 편법으로 개헌안을 통과시켰습니다. 개헌안에 따라 치러진 1971년 대통령 선거에서 박정희는 또 다시 당선되었습니다.

유신체제가 성립하다

1969년 닉슨 독트린이 발표된 후 냉전 체제가 다소 누그러들면서 긴장이 완화되고 국제적으로 화해 분위기가 조성되었습니다. 미국은 중국과 관계 개선을 추진하였고 베트남에서도 철수하면서 한국에 주둔하던 미군의 수도 감축하였습니다. 이러한 국제 관계의 변화는 반공을 강조하던 박정희 정부에게 불리하게 작용하기도 하였습니다.

박정희는 헌법을 개정한 후 1971년 대통령 선거에서 야당 후보로 나온 김대중과 겨루었습니다. 김대중은 박정희가 다시 헌법을 바꾸어 아예 대통령 선거를 없앨지도 모르니 민주주의를 위해 자신을 지지해 달라고 하였습니다. 박정희는 경제 개발 계획의 완성을 위해서는 그 계획을 추진해 온 사람이 필요하니 이번 한 번만 더 밀어주면 다음에는 반드시 물러나겠다며 지지를 호소하였습니다. 선거가 시작되자 헌법 개정과 독재 정치에 반대하는 국민이 김대중을 지지하면서 그 결과를 예측하기 어려워졌습니다. 결국, 승리는 박

정희에게 돌아갔지만 곧이어 같은 해 5월에 치러진 국회의원 선거에서는 야당의 지지율이 높게 나타났습니다. 정권 유지가 어렵다고 생각한 박정희는 위수령을 선포하고 군대를 통해 민주화 운동을 탄압하였습니다.

한편, 박정희 정부는 장기 집권에 대한 반발을 누르고, 국민의 안보 불안을 해소하기 위해 대북 정책을 바꾸었습니다. 그 결과 1972년 남북한 당국자가 비밀리에 상호 방문하고 '7·4 남북 공동 성명'을 발표하였습니다. 그러나 같은 해 10월에 박정희 정부는 남북통일을 위한 사회 질서 안정을 명분으로 내세우며 전국에 비상 계엄을 선포하고 국회를 해산하였습니다. 이어서 비상 국무 회의가 열리고 헌법 개정안을 국민 투표를 거쳐 확정하였습니다. 이를 '10월 유신'이라고 하고, 이때 결정된 헌법 개정안을 '유신 헌법'이라고 합니다.

유신 헌법은 간접 선거 방식으로 대통령을 선출하고 대통령의 임기를 6년으로 하고 중임의 제한 규정을 없앤 것이었습니다. 통일 주체 국민 회의에는 대통령 선출권과 대통령의 추천을 받아 국회의원 3분의 1을 뽑을 수 있는 권한을 부여하였습니다. 또한, 국가의 안전 보장과 관련된 중대한 사태가 발생하였을 때 대통령이 긴급 조치를 발동할 수 있었습니다. 긴급 조치는 유신 헌법에 규정된 대통령의 긴급 조치권으로 국민의 자유와 권리도 제약할 수 있는 초헌법적 권한을 포함하고 있었습니다. 이렇게 절대 권력을 가지게 된 박정희는 1972년 12월, 유신 헌법에 따라 통일 주체 국민 회의에서 제8대 대통령으로 선출되었습니다.

는 슬로건이 보여주듯이, 아시아의 자유 국가들이 자주적으로 방위에 노력할 것을 촉구함으로써 미국의 군사적 부담을 줄이고자 한 것이기도 하였습니다.

체육관 선거와 통일 주체 국민 회의 박정희는 나라 안팎이 몹시 어렵다며, 국력을 모으기 위해 특별한 조치를 할 수밖에 없다고 선언하였습니다. 이에 통일 주체 국민 회의가 체육관에서 대통령을 뽑게 되었습니다. 통일 주체 국민 회의는 1972년 조국의 평화적 통일을 추진한다는 취지를 내세워 만든 간접 선거인단으로 박정희 독재 체제가 국민의 직접 투표권을 빼앗기 위해 만든 기구였습니다.

1972년 12월, 전국에서 뽑힌 통일 주체 국민 회의 대의원 2,359명이 장충체육관에 모여 대통령으로 단독 출마한 박정희 후보에 대해 찬반 투표를 진행하였습니다. 그 결과 2,357표가 찬성이었고, 나머지 2표는 무효표였습니다. 6년 뒤인 1978년 제2대 통일 주체 국민 회의에서도 총투표 2,578명 중 2,577표가 찬성, 1표가 무효표로 박정희가 대통령에 당선되었습니다. 모두 선거 사상 유례가 없는 기록이라 할 수 있습니다.

이렇게 박정희 정부는 노골적인 독재를 행사하였습니다. 서구적 민주주의가 한국에는 맞지 않는다며 민주주의를 거부하고 국민의 기본권을 말살하였습니다. 언론과 집회의 자유도 사라져 유신 정권을 비판하는 말만 해도 잡혀가는 공포 정치가 실시되었습니다. 모든 권력을 유신 세력에 집중시켜 한반도의 안보 위기와 냉전 체제, 세계 경제 위기를 돌파하겠다는 폭거였습니다.

박정희 정부는 10월 유신의 궁극적 목표가 중화학 공업화라고 주장하며 '10-100-1000'이라는 구호를 내걸기도 하였습니다. 10월 유신으로 100억 달러 수출과 1인당 국민 총생산(GNP) 1000달러를 달성하겠다는 뜻입니다.

1970년대는 한국 현대사에서 최악의 독재 체제로 인해 민주주의가 압살될 위기에 처해 있던 시기임과 동시에 중화학 공업이 발전하면서 '한강의 기적'이라 불리는 기록적인 경제 성장이 이루어진 시기로 남게 되었습니다.

◀1972년 12월 23일
통일 주체 국민 회의
개회식

외부로부터의 위기를 이용해 독재 체제를 공고히 하다

박정희 정부는 경제 개발을 위해서 모든 것을 희생할 각오를 해야 한다고 주장하였습니다. 이러한 원칙은 남북 관계에도 적용이 되었습니다. 남북 간의 대화와 협력보다는 경제 성장을 우선하는 '선 건설, 후 통일' 방침을 분명히 한 것입니다.

1968년 1월 21일, 서른한 명의 북한 특공대가 휴전선을 넘어 청와대로 진격한 사건이 벌어졌습니다. 이 사건은 한국 국민에게 충격을 안겨주면서 남북 관계를 냉각시켰습니다. 이어서 북한은 동해안에서 첩보 수집 활동을 벌이던 미국 정보함 푸에블로호를 붙잡아 갔습니다(1968.1.23.). 북한 영해를 침범했다는 이유였습니다. 북한의 도발은 여기서 끝나지 않았습니다. 3월에는 동해안 주문진에 침투한 무장간첩들이 임무를 마치고 돌아가려다 국군의 사격을 받아 전원 사망하였습니다. 11월에는 울진·삼척 지역에 약 100여 명의 무장간첩이 침투해 작전을 수행하는 과정에서 민간인이 죽는 일까지 일어났습니다. 한국 전쟁 이후 최대의 전쟁 위기가 한반도에 감돌았습니다.

1960년대 후반 국내외의 불안한 상황은 안보 문제와 결부되어 더욱 부각되었고 이는 박정희 정부의 독재 권력을 강화하는 빌미가 되기도 하였습니다. 박정희 정부는 향토 예비군을 창설해 전쟁 대비 체제를 세우는 등 국민 총동원 체제를 만들어 국민의 위기의식을 이용해 3선 개헌을 날치기로 밀어붙였던 것입니다.

전쟁 위기를 이용해 권력 기반을 다진 박정희는 새로운 모험에 나섰습니다. 아무도 예상하지 못했던 북한과의 대화를 시도한 것입니다. 박정희 같은 반공주의자가 북한과 대화를 한다는 것은 상상하기 어려운 일이었습니다. 그러나 당시 한반도 밖에서 진행 중이던 데탕트(긴장 완화)는 한국과 같은 최전선의 반공 국가도 거부할 수 없는 흐름이었습니다. 닉슨 독트린 발표 이후 냉전 체제에 데탕트

7·4 남북 공동 성명 이란?

'7·4 남북 공동 성명'은 통일을 위한 세 가지 원칙을 말합니다.

첫째, 외세에 의존하거나 외세의 간섭을 받음이 없이 자주적으로 해결하여야 한다.

둘째, 서로 상대방을 반대하는 무력행사에 의거하지 않고 평화적 방법으로 실현하여야 한다.

셋째, 사상과 이념 및 제도의 차이를 초월하여 우선 하나의 민족으로서 민족적 대단결을 도모하여야 한다.

이 성명은 이른바 자주·평화·민족 대단결로 요약됩니다.

분위기가 조성되면서 중앙정보부장이 1972년 5월 비밀리에 평양을 방문하였습니다. 그리고 1972년 7월 4일, 각각 서울과 평양에서 남북 정부 사이의 합의 사항을 공동 성명 형식으로 발표하였습니다(7·4 남북 공동 성명). 그러는 동안 민간 차원에서는 남북한의 적십자사가 이산가족을 찾아 주기 위한 회담을 벌였습니다.

독재 반대 시위가 일어나다

유신 헌법이 발포된 후 일본 도쿄에서 유신 반대 운동을 준비하던 김대중이 괴한들에게 납치되는 사건이 벌어졌습니다. 1973년 8월의 일이었습니다. 그러자 한국의 대학가에서는 사건 해명을 요구하는 시위가 일어났고, 장준하, 백기완을 비롯한 지식인들이 '개헌 청원 100만인 서명 운동'을 대대적으로 벌이기도 하였습니다. 이를 탄압하기 위해 박정희 정부는 긴급 조치를 잇달아 발표하였고, 중앙정보부는 '인민 혁명당'이라는 간첩단을 조작하여 관련자들을 잡아들였습니다. 이러한 탄압에도 유신체제에 반대하는 움직임이 계속되어 1976년에는 재야 정치인과 종교인, 지식인들이 명동성당에 모

▶ 부·마 민주 항쟁 당시 부산 중심가의 시위대
ⓒ정부24

여 유신체제를 비판하는 3·1 민주 구국 선언*을 발표하였습니다. 학생들도 학교별로 시위를 벌이고 또 연합 시위를 주도하기도 하면서 유신체제에 대한 국민적 저항을 앞장서서 이끌었습니다.

1978년 박정희는 통일 주체 국민 회의 대통령 선거에 혼자 나서며 다섯 번째 대통령에 당선되었습니다. 그러나 그해 실시된 국회의원 선거에서 야당 신민당이 여당 공화당을 누르고 높은 득표수를 얻었습니다. 당시는 제2차 석유 파동으로 경제 불안이라는 악재가 겹치면서 국민들의 박정희 정부에 대한 불만이 표출되기 시작한 때이기도 하였습니다. 이러한 가운데 박정희 정부는 신민당사에서 농성 중이던 여성 노동자들을 강제 진압하였고, 이에 항의하는 신민당 총재 김영삼을 의원직에서 제명하였습니다. 이를 계기로 '부·마 민주 항쟁'이 일어났습니다.

부·마 민주 항쟁은 1979년 10월 부산과 마산에서 '유신 철폐, 야당 탄압 중지'를 외치며 독재에 반대한 시위였습니다. 정부는 부산과 마산에 계엄령을 내리고 군대를 파견하여 강경하게 진압하였습니다. 이렇게 유신 반대 열기가 치솟는 가운데, 정국 수습에 대한 방안을 두고 정부 내부에서도 의견이 엇갈렸습니다. 그러던 중 10월 26일에 박정희 대통령이 중앙정보부장 김재규의 총에 맞아 사망함으로써 유신체제는 막을 내리게 되었습니다. 이를 10·26사건이라고 합니다.

3·1 민주 구국 선언
이란?*

3·1 민주 구국 선언은 1976년 3월 1일에 선포되었습니다. 박정희 정부의 독재를 더 이상 보고만 있을 수 없어 '여야의 정치적인 전략이나 이해를 넘어 이 나라의 먼 앞길을 내다보면서 〈민주 구국 선언〉을 선포'하게 된 것입니다. 구체적으로는 "1) 이 나라는 민주주의 기반 위에 서야 한다. 2) 경제 입국의 구상과 자세가 근본적으로 재검토되어야 한다. 3) 민족 통일은 오늘 이 겨레가 짊어진 지상의 과업이다." 같은 내용을 담고 있습니다.

인민 혁명당 사건과 인권 탄압 인민 혁명당(인혁당)은 1964년 중앙정보부가 북한의 사주를 받아 만들어진 반국가 단체라고 발표한 조직이었습니다. 관련자들은 대부분 징역 1년 이하의 형벌을 받았습니다.

이후 점점 반정부 운동이 일파만파 퍼져 나가는 것을 우려한 유신 정권은 1974년 4월 대규모 반체제 운동 사건을 조작해 발표하였습니다. 제2차 인혁당 사건입니다. 전국 민주 청년 학생 총 연맹(민청학련)이라는 불법 단체가 불순 세력의 조종을 받아 한국 정부를 전복하려고 했다는 엄청난 내용이었습니다. 민청학련을 사주한 배후 세력은 인혁당 재건위원회라고 발표하였습니다. 인혁당이 이미 북한의 사주를 받은 반국가 단체로 낙인이 찍혀 있었기 때문에 민청학련에 관련된 학생들은 전원이 북한과 연루되었다는 주장이었습니다.

중앙정보부는 민청학련이 폭력으로 정부를 전복하기 위해 민중 봉기를 일으키려 했다고 주장하며, 그 과정에서 국내외 공산주의 세력과 반정부 세력을 규합하려고 했다고 몰아갔습니다. 이 사건으로 무려 180명이 구속되어 그중 8명은 사형을 당하고 주모자들은 무기징역 등의 중형을 선고받았습니다. 그러나 이들은 2007년 재심을 통해 이 사건이 고문에 의해 조작되었음이 밝혀져 모두 무죄 판결을 받고 명예를 회복하였습니다.

시청해 봅시다

한국 현대사에서 유신체제는 어떠한 위상을 가질까요? 유신체제의 성격과 그에 대한 저항을 생각하며 관련 영상을 감상해 봅시다. 아울러 한국 민주주의 발전의 역사에 관해 함께 토론해 봅시다.

- 드라마 〈제3공화국〉, MBC(1993)
- 드라마 〈제4공화국〉, MBC(1995~96)
- 영화 〈하얀 전쟁〉(1992)
- 영화 〈그대 그 사람들〉(2004)
- 영화 〈남산의 부장들〉(2019)
- 영화 〈1979 부마의 기억〉(2019)
- 스페셜다큐멘터리 〈1979〉, MBC(2019)

제12강

성장하는
한국 경제

이런 것들을 배워 봅시다

한국은 국가가 적극적으로 개입하여 제조업을 발전시키고, 수출을 육성하여 경제 전반을 발전시키기 위해 경제 개발 계획을 추진하였습니다. 초반에는 경공업이 중심이었지만 점차 대규모 기계 공업이 발전하였고 1970년대부터는 중화학 공업이 경제 성장을 주도하며 급속한 산업 발전을 이루었습니다. 국민들의 생활도 크게 달라져 인구의 절반 이상이 도시 생활을 하게 되고, 기술의 발달로 실생활이 더욱 편리하고 윤택해졌습니다. 1980년 중반 이후에는 고도 경제 성장이 이어지면서 무역 흑자를 달성하였습니다. 그러나 1997년 외환 위기가 닥쳤고 정부와 국민의 노력으로 경제 위기를 극복하지만 서민 경제는 큰 타격을 입고 사회 계층 간의 양극화가 심해졌습니다.

• 역사박물관 같은 곳을 견학하면서 한국의 경제 발전을 사회 변화와의 관계 속에서 생각해 봅시다.

찾아가 봅시다

▼ 한국 경제 발전 및 기념 우표 전시

• 새마을 운동 발상지 기념관
  (경상북도 청도군)

• 서울역사박물관(서울시 종로구)

• 대한민국 역사박물관(서울시 종로구)

• 우표박물관(서울시 중구)

• 세종문화회관 전시실,
  여기는 대한민국 1970kHz
  (서울시 종로구)

• 한국우표 포털서비스
  (https://stamp.epost.go.kr)

• e영상역사관
  (http://www.ehistory.go.kr)

1962-1966

제1차 경제 개발
5개년 계획

1967-1971

제2차 경제 개발
5개년 계획

1970

경부 고속 도로 완공,
새마을 운동 시작

1972-1976

제3차 경제 개발
5개년 계획

경제 개발 5개년 계획을 추진하다

1960년대 이후 경제 개발 5개년 계획과 같은 국가 주도의 경제 성장 정책이 적극적으로 추진되면서 한국은 급속한 경제 성장을 이루었습니다. 제1, 2차 경제 개발 5개년 계획(1962-1971)에서는 노동 집약적인 형태의 경공업을 육성하는 한편 화학 비료, 시멘트, 정유 등 기간산업 육성에도 중점을 두었습니다. 울산과 마산에 대규모 산업 단지와 수출 자유 지역을 조성하고 수출을 늘리는 데 힘썼습니다. 원활한 물자 유통을 위해 경부 고속 도로(1970)를 개통하였고 이로 인해 전국이 일일생활권으로 연결되었습니다.

제3, 4차 경제 개발 5개년 계획(1972-1981)부터 경제 발전 방향

▶ 포항종합제철 공장
준공 기념식

1973	1977-1981	1978	1986-1988	1997	1998
제1차 석유 파동	제4차 경제 개발 5개년 계획	제2차 석유 파동	3저 호황	외환 위기(IMF)	금 모으기 운동

이 바뀌면서 수출 주도형의 중화학 공업화를 목표로 하였습니다. 포항에 제철소를 건설(1973, 현 포스코)하여 중화학 공업을 집중적으로 육성하고 울산과 거제 등지에 대규모 조선소를 세웠습니다. 이 외에도 전국적으로 공업 단지를 조성하고 부족한 전력을 지원하기 위하여 원자력 발전소를 건설하였습니다. 그 결과 1977년에 수출액 100억 달러를 넘어섰고 연평균 8.9%의 고도성장을 이룩하였습니다. 이러한 급속한 경제 발전을 '한강의 기적'이라 부릅니다. 그러나 중화학 공업에 대한 과잉 투자는 석유 파동으로 한국 경제를 위기에 빠뜨리고 국가 재정이 어려워지면서 경제 불황을 초래하였습니다.

1980년대에 들어서도 마이너스 경제 성장률을 기록하자 한국 정부는 경제 안정화 정책에 주력하였습니다. 국가 주도의 성장 우선 정책도 부분적으로 수정하여 민간 경제가 자율적으로 운용될 수 있도록 하였습니다. 1980년대 중반 이후에는 3저 호황을 맞아 경제 위기를 극복할 수 있었고 수출액이 300억 달러를 돌파하게 되었습니다. 가계 소득도 증가하여 1980년대 말에는 1인당 국민 소득이 5천 달러를 넘어섰습니다. 특히 1980년대에는 미국과 같은 선진 자본주의 국가들의 보호 무역 강화로 후발 자본주의 국가에 대한 개방 압력이 심해졌습니다. 또한, 자유 무역 촉진을 위해 세계 각국이 다자간 무역 협상 개시를 선언하는 우루과이 라운드가 발표되었습니다. 이로 인해 한국은 시장과 자본의 전면 개방을 서둘렀고 그 결과 다국적 기업과 국제 금융 자본 등이 국내에 진출하였습니다.

3저 호황이란?

3저 호황은 원유와 수입 원자재의 가격이 큰 폭으로 떨어져 외환을 절약하게 되고, 국제 금리도 하락하여 외채 이자의 부담이 줄어든 '저유가, 저달러, 저금리' 상황을 말합니다. 그 결과 한국은 중화학 공업의 과잉 설비와 수출 부진을 해소하고 경제 위기를 극복할 수 있는 계기를 마련하였습니다.

우루과이 라운드란?

1986년에 발표된 우루과이 라운드(UR)는 관세 및 무역에 관한 일반 협정(GATT)의 다자간 무역 협상입니다. 농산물이나 지적 재산권, 서비스 등 광범위한 주제를 다루었습니다.

석유 파동과 성장 위주 경제 정책의 문제들 급속한 경제 발전을 이루는 제3, 4차 경제 개발 5개년 계획이 추진되는 동안 두 차례의 석유 파동이 일어나며 한국 경제는 위기를 겪었습니다.

제1차 석유 파동은 1973년에 아랍과 이스라엘 간의 전쟁으로 석유 수출국 기구(OPEC)가 원유 가격을 크게 올리면서 발생하였습니다. 한국은 중동 건설 사업에 적극적으로 참여하며 외화를 벌어들여 위기를 극복하였습니다.

제2차 석유 파동은 이란이 원유 수출을 중단하면서 1978년에 일어났습니다. 원유 가격이 급상승하면서 생산비가 늘어나 전 세계적으로 인플레이션이 가속화되는 가운데 경기 침체까지 겹치면서 각국의 경제 성장률이 둔화되었습니다. 무역 수지도 악화되었고 국제 금융과 통화 질서 역시 혼란에 빠졌습니다. 수출 산업 중심으로 성장해 오던 한국도 큰 타격을 입어 물가가 급등하고 수출이 저하되며 경기가 후퇴하는 등의 현상이 일어났습니다.

무엇보다 제2차 석유 파동으로 중화학 공업에 대한 과잉, 중복 투자와 같은 한국 경제 정책의 맹점이 드러나기도 하였습니다. 1960년대 이후 급속한 경제 성장을 목표로 하면서 성장 위주로 진행된 국가 주도의 경제 정책으로 각 산업 분야가 고르게 성장하지 못하고 외국에 대한 의존도가 높아지는 등 많은 문제가 나타난 것입니다.

재벌 중심의 산업 구조 재편도 이러한 정부의 대기업 육성 정책으로 일어난 문제점이었습니다. 재벌은 경제 성장 과정에서 정부의 산업 육성 및 수출 정책에 적극적으로 협조하였기 때문에 긍정적 역할을 수행하기도 하였지만, 정경유착(정치권과 경제계가 서로의 이익을 위해 밀접한 관계를 맺는 경우) 과정에서 부정부패를 낳았습니다. 또한, 기술 개발보다 사업 확장을 통해 경제 구조에 대한 지배권을 확대하면서 부실기업이 생기기도 하였습니다.

산업 불균형 역시 심각한 문제를 낳게 되었습니다. 수출 경쟁력을 유지하기 위해 저임금 정책을 지속하고자 농산물 가격을 인하하는 저임금·저곡가 정책으로 노동자와 농민의 경제적 어려움이 커졌습니다.

한국 경제는 '한강의 기적'으로 일컬어질 정도로 고도성장을 이룩해 낸 저력을 보여주었지만, 성장 중심의 경제 정책으로 국내적으로는 고른 소득 분배가 이루어지지 않아 부의 양극화 현상이 일어나고, 국외적으로는 외국 무역에의 의존도가 높아져 세계 경제 상황에 많은 영향을 받게 되는 문제점을 안게 된 것입니다.

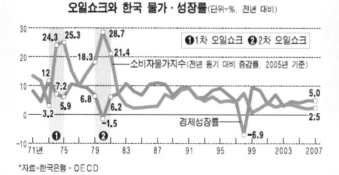

▲ 석유 파동 당시 한국 물가와 경제 성장률

도시화와 새마을 운동, 사회를 변화시키다

1960년대 이후 산업화로 농업의 비중이 줄고 제조업과 서비스 산업의 비중이 커지면서 도시의 일자리가 늘어나 인구가 급증하는 도시화 현상이 나타났습니다. 도시와 도시를 잇는 고속 도로가 확대되고 지하철을 비롯한 대중교통이 확장되어 전국이 일일생활권으로 연결되는 등 사회 전반에 걸쳐 변화가 일어났습니다. 대규모의 아파트 단지도 조성되고, 신도시를 개발하여 주택난을 완화하였습니다.

사람들의 생활 방식도 변화하였습니다. 바쁜 도시 생활로 라면과 같은 즉석 음식을 비롯한 분식이 널리 퍼졌고, 외식 문화도 형성되어 외식업과 관련된 서비스 산업이 성장하였습니다. 가족의 모습도 변화하여 핵가족 시대로 접어들었습니다.

◀ 1972년 제작되어 아침, 저녁으로 방송 매체를 통해 방영되었던 '새마을 노래'

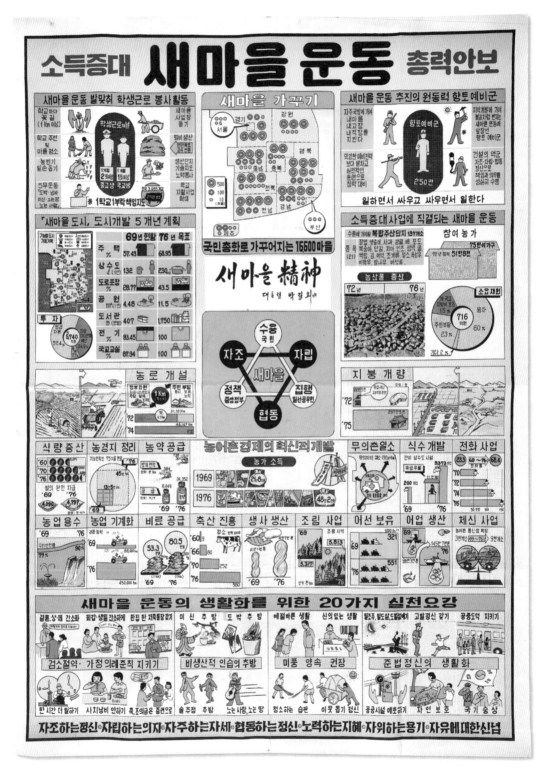

▲ 새마을 운동 홍보용 포스터 ⓒ대한민국역사박물관 소장

그러나 도시가 급속하게 성장하면서 도시와 농촌의 소득 격차가 점차 커졌습니다. 정부는 새마을 운동을 통해 개혁을 꾀하였습니다. 1970년에 시작된 새마을 운동®은 주택 개량, 도로와 전기 시설 확충 등 농촌의 생활 환경을 개선하기 위해 노력하였습니다. 이후 소득 증대 사업을 지원하는 방식으로 바뀌었고, 점차 도시와 직장으로 확대되면서 '근면·자조·협동'을 강조하는 국민 의식 개혁으로까지 이어졌습니다. 그러나 도시로 빠져나가는 이농 인구가 늘어나는 것을 막지는 못하였고, 1970년대 후반에는 정부의 농업 정책이 한계에 직면하면서 농촌 경제가 어려워졌습니다. 이에 농민들은 자신들의 권익을 지키고자 농민 운동을 본격적으로 추진하였습니다. 1980년대에 들어 수입 농산물 개방 압력까지 가해지면서 전국적으로 농민 운동 연합을 결성하여 농산물 수입 개방을 반대하는 운동을 적극적으로 펼쳐 나갔습니다.

이 시기 경제 성장은 값싼 물건을 만들어 해외에 수출하는 방식으로 이루어졌습니다. 저가품 생산을 위해서는 노동자들의 임금과 농산물 가격이 낮아야만 하였습니다. 따라서 경제가 성장하여도 노동자와 농민의 생활은 여전히 어려웠습니다. 이러한 상황을 상징적으로 보여주는 사건이 청년 전태일의 분신입니다. 전태일은 청계천 의류 생산 공장에서 일하는 재단사였습니다. 17세부터 일을 하기 시작한 그는 당시 의류 생산 노동자들의 임금과 노동 환경의 열악함을 개선하기 위해 앞장섰습니다. 이로 인해 공장에서 해고되고 22세가 된 1970년 11월 13일에 "일주일에 한 번만이라도 햇빛을 보게 해 달라!", "우리는 기계가 아니다!"라고 외치며 시위에 나섰다가 경찰의 제지를 받자, 분신하였습니다. 전태일의 분신은 1970년대 전후의 경제 성장이 노동자와 농민의 피와 땀으로 이루어졌으며 한국 경제 발전의 밑거름이 되었으나 그들의 삶은 보장되지 못하였던 경제 성장의 빛과 그늘을 보여줍니다.

새마을 운동이란?®

1970년대 한국 사회를 상징하는 새마을 운동은 여러 관점에서 그 성격을 평가하고 있습니다.

첫째는 한국 고유의 농촌 통합 개발의 성공적인 유형으로 보는 것입니다. 새마을 운동이 애초에 상대적으로 낙후되어 있던 농촌 지역을 개발하기 위해 제안되었던 정책이기 때문입니다.

둘째는 새마을 운동을 지역사회의 개발 운동 관점 위에서 총체적인 국가 발전을 위한 범국민 운동으로 보는 관점입니다. 새마을 운동이 도시로 확대되어 도시 새마을 운동으로 확장되었기 때문인데, 그만큼 새마을 운동이 농촌과 도시를 모두 망라하고 있기에 지역사회 개발 사업의 성격을 가졌다고 할 수 있습니다.

1970~1979년 새마을 운동이 진행되던 중 작성된 관련 기록물은 농어촌의 근대화에 이바지하였다는 평가를 받아 2013년 유네스코 세계 기록 유산으로 등재되기도 하였습니다.

6월 민주 항쟁은?

6월 민주 항쟁은 군사 정권의 장기 집권을 저지하고 대통령 직선제를 요구했던 범국민적 민주화 운동입니다. 6월 민주 항쟁에 참여하였던 민중들은 이후 자신의 생활 현장을 개혁해 나갑니다. 주요 공업 단지의 생산직 노동자들은 물론 은행원이나 간호사, 연구원이나 교직원 등 다양한 직종의 노동자들이 민주 노동조합을 조직하여 자신의 권리를 실현하고자 하였습니다. 농민이나 도시 빈민들도 조직을 만들어 생존권을 지키려 하였고, 교사들은 전국 교직원 노동조합을 조직하여 교육의 민주화와 참교육 실현에 노력하였습니다.

경제 발전이 대중문화를 성장시키다

경제 발전으로 라디오나 텔레비전과 같은 대중 매체가 활발히 보급되면서 대중문화가 성장하였습니다. 1960년대에는 노래와 영화를 중심으로 대중문화가 널리 확산되기 시작하였는데, 특히 영화가 큰 인기를 끌어 영화관 수가 늘고 영화 제작 편수도 많아졌습니다. 그러나 1970년대에는 정부의 문화, 예술에 대한 검열과 통제가 강화되어 금지곡이나 금서를 지정하고 영화 관람 전에 '대한 뉴스'를 상영하는 등 정부 정책을 홍보하고 반공 의식을 고취하였습니다. 언론과 문화의 통제는 1980년대에도 이어져 이에 대한 저항으로 음악, 미술, 영화, 연극 등 여러 분야에서 민주화를 위한 민중 문화 운동이 전개되었습니다. 그리고 1987년 6월 민주 항쟁을 계기로 정치적 민주화가 이루어지면서 검열과 통제가 서서히 풀리기 시작하였습니다. 한편, 텔레비전을 보유한 가정이 늘어나면서 대중가요, 코미디, 드라마가 유행하고 미국과 유럽의 반전·저항 문화가 유입되어 장발과 청바지, 통기타로 대표되는 청년 문화가 확산되기도 하였습니다. 프로 야구를 시작으로 상업적 프로 스포츠 시대도 열리게 되었습니다.

▼ 1975년 개봉한 한국 영화

▼ 1982년 3월 프로야구 개막을 알리는 6개 구단의 깃발이 내걸린 서울야구장 전경

교육열의 증가와 강남 개발 경제 성장은 교육의 기회를 확대시켰습니다. 대다수 국민이 중등 교육 이상을 이수하게 되었으며, 이는 경제 성장과 민주주의 발전에 또 다른 밑거름이 되었습니다. 교육 제도 역시 질적으로 양적으로 큰 변화를 맞이하는데, 4·19 혁명 이후 교육 자치제가 시행되었으나 5·16 군사 정변 이후에는 교육에 대한 중앙 통제가 심해졌습니다. 군사 교육과 반공 교육 등 국가주의 교육이 강화된 것입니다. 유신체제 때에는 국사 교육을 강화하고 새마을 교육도 시행하였습니다. 이후 국민 윤리 교육이 강조되기도 하였습니다.

교육열 또한 높아졌는데, 높은 교육열은 경제 성장과 사회 변화의 원동력이 되었지만, 입시 경쟁과 사교육비 증가와 같은 문제를 낳기도 하였습니다. 이를 해결하기 위해 중학교 무시험 진학 제도가 시행되고, 1970년대 이후 고교 입학 시험을 연합고사로 바꾸면서 고교 평준화 제도가 시행되었습니다. 1980년대에는 과외 전면 금지와 대학 졸업 정원제를 시행하여 높은 교육열로 인한 부작용을 줄이고자 하였습니다.

높은 교육열은 '강남 8학군' 조성을 비롯한 정부의 강남 개발 정책과도 관련이 있습니다. 경제의 급속한 성장으로 서울로 유입되는 인구가 기하급수적으로 늘어나고 주택난이 심해지면서 정부는 영동개발 정책을 기획해 강남 지역을 개발하였습니다.

1970년대 강남은 교통도 불편하고 낙후된 지역으로 독자적인 생활기반 시설이 부족하였기 때문에 개발 초기 정책은 크게 빛을 보지 못하였습니다. 이때 강남 8학군을 지정해 강북에 있던 상위층 학군들을 강남으로 이동시켰는데, 이후로 강남은 한국의 최고 노른자 땅으로 떠올랐습니다.

◀ 1970년대 강남과
　1983년 강남의 모습

신자유주의 정책이란?●

신자유주의 정책은 이전까지 정부가 지나치게 경제 문제에 개입해 온 것을 비판하고 민간의 자유로운 경제 활동을 옹호하는 움직임이었습니다. 정부의 규제 완화 및 철폐, 복지 축소, 노동 시장의 유연성 강화, 공기업 민영화 등을 내세웠습니다. 그 결과 시장의 효율성은 높아졌지만, 자본의 국제적 이동이 커지면서 국가 간 경제 격차가 심화되는 문제 등이 일어나기도 하였습니다.

금 모으기 운동이란?●●

처음에 달러가 없어 나라가 부도날 지경이라는 소식에 국민은 충격을 받았습니다. 그러다 금을 모아 나랏빚을 갚자는 금 모으기 운동이 제안되었습니다. 1998년 1월부터 4월까지 국민들은 자발적으로 금 모으기 운동을 벌였습니다. 기업인, 연예인, 정치인, 종교 지도자 등이 금을 기탁하며 참여를 독려하였고, 전국적으로 225톤 이상의 금이 모였습니다. 이렇게 모인 금을 수출해 정부는 외환 보유고를

▌국민의 힘으로 외환 위기를 넘기다 ▌

석유 파동 이후 경제적 어려움에 직면한 세계 각국은 자유 무역을 확대하고 국가 간 교역을 촉진하기 위해 세계 무역 기구(WTO) 체제를 출범시켰습니다. 이 무렵 본격적으로 시작된 정보·통신 기술의 발달은 상품과 자본이 국경을 넘어 자유롭게 오갈 수 있도록 세계화의 흐름을 보조하였습니다. 한국 경제 역시 이러한 흐름 속에서 전자, 통신 산업이 발전하였고 반도체 수출이 급증하였습니다. 정부는 상품과 자본 시장을 개방하여 세계화를 추진하였고 공기업의 민영화, 금융 규제 완화, 경제 협력 개발 기구(OECD) 가입 등 신자유주의 정책●을 펼쳤습니다. 여러 기업도 중국, 러시아, 동유럽 등지로 활발하게 진출하였습니다.

그러나 1997년 동남아시아에서 시작된 외환 및 금융 불안이 한국 경제에도 영향을 미쳐 외국 투자자들이 대출을 대거 회수하였습니다. 그 결과 보유 외환이 고갈되고 기업들이 연쇄 부도를 일으켰습니다. 이는 급격한 시장 자율화와 경제 개방, 국제화를 추구하는 세계 무역 기구 체제에서 한국 기업들이 미처 경쟁력을 갖추지 못했던 데에도 원인이 있었습니다. 결국, 1997년 말에 한국 정부는 국제 통화 기금(IMF)에 구제 금융을 요청하여 긴급 자금을 지원받았습니다.

외환 위기를 극복하기 위해 한국 정부는 강도 높은 구조 조정을 시행하고 외국 자본 유치에 힘썼습니다. 공기업의 민영화와 경영 혁신을 위한 개혁을 추진하고, 정리 해고제와 근로자 파견제를 도입하는 한편, 고용 보험 확대와 근로 시간 단축 등의 노력을 전개하였습니다. 국민은 자발적으로 금 모으기 운동●●에 동참하여 외환 위기 극복에 힘을 보태었습니다. 전국 각지에서 수백 톤의 금이 모였고, 부족한 외환을 보충하는 데 큰 도움이 되었습니다. 이러한 정부와 국민의 노력으로 2001년 국제 통화 기금의 지원금을 조기 상

▲ 반도체와 정보 기술(IT) 수출 증가

환할 수 있었습니다. 그러나 이 과정에서 노동자들은 대량 해직되었고, 비정규직 노동자가 크게 느는 한편, 자영업자의 도산이 늘었습니다.

2000년대 들어 자유 무역이 전 세계에 확산하면서 국가 간 무역 장벽이 낮아지고 상품을 비롯하여 노동과 자본이 이동하기 쉬워졌습니다. 한국 역시 미국, 유럽 연합, 중국 등과 자유 무역 협정(FTA)을 맺어 무역 시장을 확대하였습니다. 반도체, 액정 화면(LCD), 자동차, 철강, 석유 화학 등 세계적으로 경쟁력을 갖춘 산업이 비약적으로 발전하였고, 정보 기술(IT)에 기반을 둔 전자 및 통신 등 첨단 산업이 크게 발달하여 높은 부가 가치를 창출하는 첨단 정보 산업 분야에서 세계적인 경쟁력을 갖추어 성장하기 시작하였습니다. 그러나 외환 위기 이후 실업자가 늘어나고 소득 격차가 심해지면서 사회 계층 간의 양극화 현상도 심각해졌습니다. 도시와 농촌, 공업과 농업 간의 불균형도 심화되어 이를 해결하기 위한 논의가 활발하게 진행되었습니다.

22억 달러나 늘릴 수 있었습니다. 당시 금 모으기 운동은 '제2의 국채 보상 운동'으로 평가됩니다.

시청해 봅시다

급속한 경제 성장은 한국 사회가 발전하는 데 중요한 원동력이 되었지만, 성장 위주의 정책은 여러 가지 사회 문제를 낳기도 하였습니다. 관련 영상을 감상해 보고 한국 경제 성장의 빛과 그림자에 관해 함께 생각해 봅시다.

- 드라마 〈자이언트〉, SBS(2010)
- 영화 〈바보들의 행진〉(1975)
- 영화 〈영자의 전성시대〉(1975)
- 영화 〈아름다운 청년 전태일〉 (1995)
- 영화 〈국제시장〉(2014)
- 영화 〈강남1970〉(2014)
- 영화 〈국가부도의 날〉(2018)

1980년대 이후
한국 민주주의의 성장

이런 것들을 배워 봅시다

절대 권력자 박정희가 사망하자 국민들 사이에서는 민주화에 대한 요구가 확산되었습니다. 그러나 신군부가 12·12 군사 반란을 일으켜 이 기대를 짓밟았습니다. 유신 정권 못지않은 독재와 억압이 이어지자 국민들은 분노하였습니다. 전두환 정권의 강압적 통치에 맞서 시민들은 대통령 직선제 개헌의 목소리를 높여갔습니다. 결국 전두환 정권은 국민의 민주화 요구에 굴복하여 6·29 선언을 발표하였습니다.

6월 민주 항쟁 이후 민주주의는 누구도 거역할 수 없는 가치로 자리 잡았습니다. 김영삼, 김대중, 노무현 세 사람이 대통령에 선출되면서 한국의 민주주의는 과거에는 볼 수 없었던 실질적인 성장을 하였습니다. 여전히 한계는 많지만, 선거가 평화적으로 치러지고 절차적 민주주의가 뿌리내리면서 국가의 주인은 국민이란 점이 분명해졌습니다.

그러나 이명박, 박근혜로 이어진 보수 정부 9년 동안은 과거 권위주의 시대로 돌아가려는 불길한 움직임이 재현되었습니다. 민주주의가 후퇴하는 데 대한 안타까움과 분노를 느낀 시민들은 다시 거리로 나섰고 마침내 박근혜 대통령의 탄핵이 결정되었습니다.

● 촛불시위와 같이 시민 한 사람 한 사람의 힘을 모아 개혁의 길을 연 한국 현대사의 민주주의 발전에 대해 생각해 봅시다.

찾아가 봅시다

- 역사박물관(서울시 종로구)
- 국립 5·18민주묘지·5·18민주공원 ·5·18추모관(광주시 북구)
- 민주화 운동기념사업회 기념관 (서울시 용산구)

- 박종철기념관·민주인권기념관 (서울시 용산구)
- 이한열기념관 (서울시 마포구)

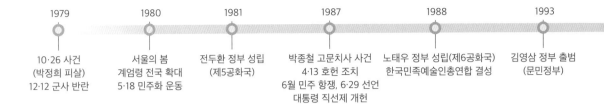

1979	1980	1981	1987	1988	1993
10·26 사건 (박정희 피살) 12·12 군사 반란	서울의 봄 계엄령 전국 확대 5·18 민주화 운동	전두환 정부 성립 (제5공화국)	박종철 고문치사 사건 4·13 호헌 조치 6월 민주 항쟁, 6·29 선언 대통령 직선제 개헌	노태우 정부 성립(제6공화국) 한국민족예술인총연합 결성	김영삼 정부 출범 (문민정부)

▌박정희의 죽음 이후 신군부가 등장하다 ▌

1979년 10월 26일 18년간 한국을 지배한 박정희 대통령이 피격되는 사건이 발생하였습니다(10·26 사건). 오랜 기간 계속된 강압통치로 생겨난 사회분열이 고조된 결과 권력층 내부의 충돌이 생겨난 것입니다. 박정희의 사망은 시민들의 민주화 열망을 자극하는 계기가 되었습니다. 민주주의의 부활을 열망하는 사람들의 적극적인 참여로 한국 사회는 커다란 전환을 맞이하였습니다. 그것을 '서울의 봄'(1980)이라고 부릅니다.

하지만 자유의 시간은 극히 짧았습니다. 전두환과 노태우를 비롯한 신군부 세력이 쿠데타를 일으켜 권력을 장악하고(12·12 군사 반

▶ 1979년 10월 26일
박정희를 피격한 김재규

1998	2003	2004	2008	2013	2016	2017
김대중 정부 출범 (국민의 정부)	노무현 정부 출범 (참여정부)	노무현 대통령 탄핵 소추와 탄핵 반대 촛불시위	이명박 정부 출범 미국산 소고기 수입 반대 촛불시위	박근혜 정부 출범	문화예술계 블랙리스트사건 박근혜 대통령 퇴진 운동 촛불시위	박근혜 대통령 탄핵

란) 민주화 세력과 첨예하게 대립하는 상황이 벌어지게 된 것입니다. 해방의 시간은 순식간에 사라지고 새로운 갈등과 긴장이 그 자리를 대신하게 되었습니다. 신군부가 실권을 장악하자 대학생을 주축으로 한 시민 세력이 언론자유 보장, 비상계엄 철폐, 전두환 퇴진, 민주 헌정체제 회복 등을 요구하며 전국 각 곳에서 거리시위를 벌였습니다. 시민들은 신군부의 등장이 박정희 군사 정권의 연장이자 확대이며 한국 민주주의의 발전에 결정적 장애가 될 것이라고 확신하였습니다. 1980년 5월 15일 서울역 광장에 10만여 명의 인파가 운집해 비상계엄° 해제와 유신 세력의 퇴진을 요구하였습니다. 그것은 4·19 혁명 이후 최대 규모의 시민참여 시위였습니다.

　오랜 군사 독재에 신음하던 시민들의 민주화 요구를 감당할 수

비상계엄(非常戒嚴)이란?°

비상계엄은 국가에 전쟁과 같은 비상사태가 발생하였을 때 사회의 안전과 질서를 유지하기 위해 군대를 동원하는 것을 말합니다. 비상계엄이 선포되면 계엄이 내려진 지역의 모든 행정과 사법 업무를 군대가 맡아서 하게 되고, 언론·출판·집회·결사의 자유에 대해서도 군대가 특별 조치를 할 수 있습니다. 그리고 이렇게 엄중한 경계 태세를 책임지는 임무를 맡은 군인 또는 군대를 계엄군(戒嚴軍)이라고 합니다.

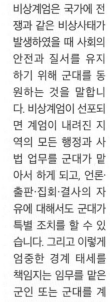

▶ 중앙일보 1980년 5월 19일자 1면 기사
1980년 5월 18일 24시를 기해 비상계엄이 전국으로 확대되었다.

없게 되자 전두환 신군부는 5월 17일 24시를 기해 비상계엄을 전국으로 확대하였습니다. 대학은 폐쇄되고 군인들에 의해 점령되었습니다. 김대중을 비롯한 주요 정치인과 학생운동 지도부는 체포되거나 수배되었습니다. 이 과정에서 한국 현대사 최대의 비극인 5·18 민주화 운동이 벌어지게 됩니다.

▍민주화에 대한 시민들의 열망으로 5·18 민주화 운동이 전개되다 ▍

1980년 5월 18일 전남대학교 정문 앞에서 대학생과 계엄군 사이에 격렬한 충돌이 생겨났습니다. 신군부의 계엄 확대로 휴교령이 내려진 가운데 학생들이 학교로 들어가려 하자 계엄군들이 학생들을 구타한 사건이 충돌의 원인이었습니다. 계엄군의 야만적 행동에 일반 시민들까지 합세하고 시위의 규모가 점점 커졌습니다. 시위대는 계엄 철폐와 전두환 퇴진 등을 요구하면서 전면적인 대치 상황이 벌어졌습니다.

▶ 5·18 민주화 운동에
   참여한 시민군
   ⓒ국가기록원

시간이 지나면서 노동자, 도시 빈민, 회사원, 사회 하층민 등 다양한 계층이 참여하게 되고 초기의 학생 시위는 민중 항쟁으로 그 성격이 변화되었습니다. 계엄군의 실탄 사격이 시작되고 희생자가 속출하면서 시위대 또한 무장대응을 하였습니다. 총칼을 들고 계엄군과 맞서 싸운 이들을 '시민군'이라 부릅니다. 신군부의 탄압과 끝까지 대결한 사람들입니다. 6월 25일 제3차 민주수호 범시민궐기대회에서 시민군은 '최후의 일각까지, 최후의 일인까지 반민주 세력과 싸울 것'을 결의하였습니다.

6월 27일 새벽, 계엄군은 전투사단, 공수여단 병력 2만 5,000명을 동원해 시민군을 진압하기 위한 '충정작전'에 돌입하였습니다. 계엄군의 압도적인 공격으로 전라남도 도청에 남아있던 시민군들은 대부분 사살되거나 심각한 부상을 입은 채 체포되었습니다. 5·18 민주화 운동은 이렇게 끝이 났습니다. 계엄 사령부는 이후 민간인 사망 148명, 군인 사망 15명이라고 발표하였습니다. 그러나 광주 민주화 운동보상법(1990)에 의해 피해자로 인정된 민간인은 사망 154명, 행방불명 70명, 부상 3,193명, 기타 1,589명입니다. 5000여 명이 죽거나 다친 것입니다.

5·18 민주화 운동은 한국 현대화 과정의 모순이 만들어낸 역사의 비극입니다. 그것은 권력을 차지하려는 신군부의 집권 욕망과 유신 독재의 과정에서 축적된 시민들의 민주화 열망이 부딪치면서 생겨났습니다. 이 대사건이 만들어낸 시민의 희생과 살아남은 자들의 공포는 긴 시간 동안 한국인의 정서와 감정에 커다란 흔적과 상처를 남겼습니다.

하지만 자신의 목숨을 민주화의 제단에 바친 숱한 광주 시민들의 용기와 헌신으로 한국의 민주주의는 결코 과거로 되돌아 갈 수 없는 강력한 기반과 토대를 만들 수 있었습니다. 전두환 정권의 강압 통치를 이겨낸 힘도 여기에서 생겨났습니다. 한반도 분단을 만든 냉전세력을 비판하며 통일운동을 시작할 수 있는 계기도 광주 시민의 죽음 위에서 싹텄습니다. 5·18 민주화 운동은 민주주의의 획기적 발전과 한반도 통일운동의 확산이라는 두 개의 큰 길을 만들어낸 것입니다.

더 알아봅시다

5·18 민주화 운동 기념일 1981년 5월 18일에 5·18 민주화 운동 피해자 집단, 학생, 재야 운동 세력이 망월묘지공원에서 추모 행사를 거행하였습니다. 당시 정권은 이 추모 행사를 통제하고 관련자들을 구속하는 등 탄압하였지만 매년 꾸준하게 실행되어 마침내 1997년 5월 법정기념일로 제정되었습니다. 1980년 5월 18일을 전후하여 전개된 민주화에의 열망을 담은 민중 항쟁을 국가 차원에서 기념하게 된 것입니다.

5·18 민주화 운동은 비극으로 종결되었지만 이후 진상 규명과 책임자 처벌, 명예 회복, 보상과 기념사업을 쟁점으로 당시의 희생을 기리고 있습니다. 이러한 활동으로 '광주 민주화 운동관련자 보상 등에 관한 법률'이 제정(1990)되어 피해자의 명예 회복과 보상 및 기념사업이 이루어졌고, '5·18 민주화 운동 등에 관한 특별법'이 제정(1995)되면서 가해자 다수에 대한 법적 처벌이 이루어졌습니다. 그러나 현재에도 여전히 그 청산 작업에서 발생한 오류와 미흡한 점들을 바로잡기 위해 진상 규명과 책임자 처벌을 요구하는 활동이 계속되고 있습니다.

5·18 민주화 운동에 대한 공식 명칭도 이러한 진상 규명과 명예 회복이 이루어지는 흐름에 따라 몇 차례 바뀌었습니다. 전두환 정권에서는 '광주사태'로, 노태우 정권에서는 '광주 민주화 운동'으로, 김영삼 정부에서는 '5·18 광주 민주화 운동'으로, 그리고 김대중 정부에서는 '5·18 민주화 운동'이 되었습니다. 사건의 명칭에서 '광주' 지역명을 배제한 이유는 5·18 민주화 운동이 지역을 넘어 보다 광범위한 시민의 참여 속에서 이루어진 민주화 운동이었음을 알리기 위해서였습니다. 그러나 여전히 '광주 민중 항쟁' 또는 '5·18 민중 항쟁' 등 다양한 명칭이 사용되고 있기도 합니다.

◀ 국립 5·18 민주 묘지 추모탑

6월 민주 항쟁으로 대통령 직선제 개헌을 성취하다

1987년 전두환은 권력의 마지막 시간을 맞이하였습니다. 그는 평화적 정권 교체를 명분으로 직선제 개헌을 하지 않겠다는 4·13 호헌 조치를 선언하였습니다. 박정희 시대부터 시작된 간접 선거는 국민의 참정권을 근본에서 부정하는 것입니다. 전두환 또한 그 경로를 통해 권좌에 올랐습니다. 대통령이라는 국가의 최고 권력을 국민의 합의된 의지와 무관하게 찬탈한 것입니다. 폭력을 수단으로 대통령이 된 권력자가 시민의 직접 선거를 스스로 수용할 수는 없었을 것입니다. 그러나 4·13 호헌 조치는 민주주의에 목말랐던 한국인들의 분노에 기름을 붓는 역할을 하였습니다. 시민들의 인내가 군부 통치의 부조리를 더 이상 견딜 수 없는 상태에까지 이르렀던 것입니다.

그런데 실은 그보다 더욱 심각한 사건이 이미 터진 상태였습니다. 1987년 1월 14일 당시 서울대학교 학생이던 박종철이 경찰의

4·13 호헌 조치(護憲 措置)란?

1987년 4월 13일에 당시 대통령이었던 전두환은 대통령 직선제 개헌을 비롯한 국민들의 민주화 요구를 묵살하고 개헌에 관한 모든 논의를 중단시켰습니다. 이를 4·13 호헌 조치라고 합니다. 계속해서 군사 독재 정권을 유지하기 위한 방편이었지만 국민들의 반발만 사게 되었습니다.

▼ 6월 민주 항쟁
ⓒ서울특별시 서울사진아카이브

폭행과 고문으로 사망하는 일이 벌어졌던 것입니다. 공안 당국의 조직적인 은폐에도 불구하고 '박종철 고문치사 사건'은 1987년 5월 18일 천주교 정의구현사제단 김승훈 신부에 의해 폭로되었습니다. 정부는 내무부 장관 김종호와 치안본부장 강민창의 해임과 고문근절 대책 수립 등으로 사태를 수습하려 했지만 파장은 더욱 심각해져 갔습니다.

곧바로 2,200여 명이 발기인으로 참여한 '민주 헌법 쟁취 국민 운동 본부'가 결성되었습니다. 국민운동 본부는 박종철의 고문 살인을 규탄하고, 호헌 철폐를 요구하는 대규모 국민대회를 6월 10일 개최하기로 결정하였습니다. 이 날은 신군부 집권 세력의 본산인 민정당의 대통령 후보 지명대회가 열리기로 예정된 날입니다. 그런데 연세대학교 학생 이한열이 그 전날 학교 정문 앞 시위 도중 최루탄 파편에 맞아 중태에 빠졌습니다. 이 때문에 다음 날 국민대회는 누구도 예상치 못한 상황으로 전개되었습니다. 서울, 부산, 대구, 공주, 인천, 대전 등 대도시를 비롯해 전국 22개 지역에서 24만여 명이 참여하는 대규모 가두시위가 벌어졌습니다. 전국에서 3,831명이 연행되었음에도 그날 저녁 명동성당에서 800여 명의 학생과 시민들이 농성투쟁을 시작하였습니다.

▼ 이한열 열사 노제에
  참가한 시민들
  @이한열기념회

6월 10일부터 15일까지 진행된 명동성당 농성은 민주화를 열망하는 시민들의 구심력이 되었습니다. 숱한 성금과 음식이 전달되었고 회사원과 상인들의 동조시위가 지속해서 일어났습니다. 군대를 동원하겠다는 정부의 위협에도 불구하고 6월 26일 '국민 평화 대행진'에 100만 명의 시민이 참여하였습니다. 두려움을 느낀 전두환 정권은 국민들의 요구였던 직선제 개헌과 광범한 민주화 조치를 보장하는 이른바 '6·29 선언'을 발표하게 됩니다. 5·18 민주화 운동에서 시작된 민주주의의 새 단계를 향한 노력이 7년 만에 실질적인 결실을 보게 된 것입니다.

민주주의를 향해 다양한 노력들을 개진하다

우선 언론계의 민주화 운동을 주목해야 합니다. 전두환 정권은 언론인 강제 해직, 언론사 강제 통폐합, 언론기본법 제정 등을 통해 언론사와 언론인들의 입에 재갈을 물렸습니다. 권력에 저항할 수 없도록 만든 것입니다. '보도지침'이라는 이름으로 일상적인 검열을 시행하여 표현의 자유를 심각하게 침해하였습니다.

　언론계는 1984년 12월 19일 민주언론운동협의회를 창립하여 국가 권력의 언론 탄압에 대응하고자 하였습니다. 이 단체는 잡지《말》을 창간하여 권력의 억압에 저항하였습니다. 정부의 '보도지침'을 폭로한 것은 이 잡지가 수행한 가장 중요한 일 가운데 하나입니다. 반헌법적인 국가 검열의 실태를 고발한 것입니다. 이 일로 인해 관련자들이 많은 고초를 겪었습니다. 사건이 발생한 지 10여 년이 지난 1995년 말, 대법원은 비로소 이 사건에 대한 무죄 확정 판결을 내렸습니다.

　교육계와 학계의 민주주의를 위한 노력을 살펴보는 것도 중요합니다. 현대 한국의 민주주의 역사에서 지식인들의 역할은 매우 컸습니다. '6월 민주 항쟁' 이후 결성된 전국교사협의회의 활동은 학교사회에 민주주의 정신을 불어넣는 데 큰 기여를 하였습니다. 많은 교사들이 문제가 많은 교육법을 개정하고 진부한 교육 내용을 혁신하며 시민가치를 바로 세우는 일에 적극적으로 참여하였습니다. "학생 위에 군림하지 않고, 다만 그들의 올바른 성장을 도울 뿐"이라는

민주언론운동협의회란?

민주언론운동협의회(언협)는 당시 언론 중심의 민중 우민화에 반발하여 제도권 언론이 다루지 못하는 사실을 국민에게 모두 알릴 수 있는 '진짜 언론'을 만들자는 목표 아래 만들어졌습니다. 이는 오늘날 민주언론운동시민연합의 모태가 되었습니다.

교육 민주주의 철학은 1980년대 교사운동의 정신을 보여줍니다.

교사들의 활동이 민주주의에 대한 청소년들의 인식을 바꾸는 데 기여했다면, 교수와 연구자들은 학문과 사상의 자유를 통해 한국 학계가 자율적인 학문생산의 주체가 되어야 한다는 것을 강조하였습니다. 제국과 식민지, 남한과 북한, 미국과 소련, 좌와 우, 노동과 자본, 전통과 현대와 같은 대립 현상들은 현대 한국인들의 정상적 사고를 가로막는 걸림돌들입니다. 이 가운데 특히 좌우갈등의 문제는 시급한 해결을 요구하는 심각한 사회적 현안이었습니다. 한국산업사회연구회, 역사문제연구소, 민족문학사연구소, 여성사연구회 등 젊은 연구자 단체의 출현을 계기로 사회 민주화를 지원하기 위한 새로운 연구시각과 연구방법이 생겨나기 시작하였습니다.

1980년대 이후 민주주의의 역사에서 문화운동이 차지하는 역할은 특별합니다. 군사 정권이 다양한 방식으로 추진한 우민화 정책은 시민사회의 비판의식을 약화시키려는 의도를 담고 있었습니다. 군사 정권의 압제에 맞서며 시민들과 함께 할 수 있는 문화예술의 현장을 지킨 많은 노력이 있었기에 한국 현대문화의 독창성과 생명력이 유지될 수 있었습니다.

전두환 정권 시대에는 대학가와 여러 지역 사회를 중심으로 연극, 탈춤, 노래 등이 저항문화의 확산을 주도하였습니다. 자생적인 소그룹 문화운동 단체들이 생겨났고 이들은 점차 전국단위의 연대로 결집해나갔습니다. 그러한 성과가 1988년 12월 '한국민족예술인총연합(민예총)'의 결성으로 나타났습니다. 민예총은 문학, 미술, 민족극, 영화, 음악, 춤, 건축, 사진 등의 분야에서 활동하는 839명의 참여로 출범하였습니다. "소수의 예술가만이 아니라 민중 전체가 보다 높은 예술적 가치를 공유할 수 있는" 사회를 만들겠다는 것이 이 단체의 목표였습니다. 그것은 문화예술과 민주주의의 깊은 연관성을 강조한 것입니다.

시민이 주체가 된 사회 "대한민국은 민주 공화국이다." "모든 권력은 국민으로부터 나오며", 대한민국은 "조국의 민주개혁과 평화적 통일을 지향한다." 6월 민주 항쟁을 통해 만든 현행 헌법에 나오는 내용입니다. 따라서 보다 인간다운 삶은 어떤 것인지, 성장과 분배의 조화는 어떻게 해야 할지, 북한과는 어떤 관계를 맺고 통일을 이룰 것인지와 같은 중대한 문제들은 국민이 함께 결정해야 합니다.

한때 독재자들은 국가와 민족을 앞세워 모든 국민이 한목소리를 내야 한다면서 시민의 참여를 배제하였습니다. 그러나 다양성과 다름이 존중받는 오늘날에는 국가의 주인이 국민임을 누구도 부정하지 않습니다. 생각을 달리하는 국민이 있다는 점을 당연하게 받아들이고, 민주적인 방식으로 의사를 결정합니다.

민주 공화국에서는 시민이 곧 국가입니다. 한 사람의 시민으로서 늘 자신의 주변과 사회를 돌아보고 사회에 참여하려는 노력이 필요합니다. 뜻을 같이하는 이들끼리 시민 단체를 만들어 활동하는 것도 그러한 노력의 일환입니다. 새로운 미래는 깨어 있는 시민의 참여로 완성됩니다.

▲ 민주 시민이 주체가 된 시민 운동
민주주의 발전의 토대라 할 수 있는 시민 운동 단체는 특정 정치 권력의 독선을 견제하고, 다양한 세력 집단 간의 이해 충돌을 조절하며 대안을 제시합니다. ⓒChizuru

▲ 환경과 생명을 지키는 환경운동
환경운동 단체는 환경 문제를 사회적인 문제로 제기하고, 이를 사회적으로 해결하기 위한 적극적인 활동을 벌여 나가고 있습니다.
ⓒ(사)환경정의

문민정부(文民政府)
란?

1993년 제14대 대통령 선거에서 김영삼이 당선되었습니다. 그 이전의 박정희, 전두환, 노태우 대통령은 군인 출신이었고, 이제 군부와는 연계되지 않은 일반인 출신의 대통령이 통치하게 된 것입니다. 이를 '문민정부'의 시작으로 평가합니다.

‖ 비폭력 평화 시위로 '촛불혁명'을 이뤄내다 ‖

1980년대의 민주화 운동은 1990년대 초반 문민정부가 수립되는 동력이 되었습니다. 30여 년간 지속된 군사 정권은 이로써 완전히 사라졌습니다. 김영삼, 김대중, 노무현 세 사람이 차례로 대통령에 선출되면서 한국의 민주주의는 과거에는 볼 수 없었던 실질적인 성장을 이루었습니다. 대다수 국민의 적극적인 참여가 새로운 시대를 만들어낸 것입니다. 하지만 2008년 이명박이 대통령에 당선되고 이어 박근혜가 정권을 이어 받으면서 과거 권위주의 시대의 불길한 움직임이 재현되었습니다. 대한민국 헌법에 명시된 표현의 자유를 부정하는 '국방부 불온서적 사건'(2008)이나 '문화예술계 블랙리스트 사건'(2016) 등은 민주화 시대의 흐름을 역행하는 대표적인 사례입니다.

이러한 일들이 쌓여가던 와중에 2016년 10월 24일, 박근혜의 비선 실세였던 최순실의 국정개입 증거가 터져나왔습니다. 민주주

▼ 촛불집회에 모인 시민들

의를 부정하는 권력의 추태가 드러난 것입니다. 이 때부터 대통령 퇴진운동이 본격적으로 전개되기 시작하였습니다. '촛불집회'는 비폭력 평화 시위를 뜻하는 시민 행동의 상징에서 곧바로 전국적인 차원의 대통령 탄핵운동으로 성격이 변화되었습니다.

2016년 12월 3일 열린 '박근혜 즉각 퇴진 6차 범국민 행동'은 전국에서 232만 명이 참여하였습니다. 그것은 대한민국 수립 이후 최대 규모의 시위였습니다. 12월 9일 국회에서 찬성 234표, 반대 56표로 탄핵안이 가결되었고, 세달 후인 2017년 3월 10일 헌법재판소는 대통령 박근혜의 탄핵을 최종 결정하였습니다. 탄핵 전에 한국갤럽이 조사한 여론조사에서 탄핵 찬성 국민 의견은 81%였습니다. 시민의 힘으로 이루어진 대통령 탄핵은 오랜 시간 동안 계속된 민주화 대장정의 마침표라는 의미를 갖습니다. 시민의 요구와 의지가 현대 민주주의의 본질이라는 점을 다시 한 번 확인할 수 있었기 때문입니다.

헌법재판소(憲法裁判所)란?

헌법은 그 나라의 최고의 법입니다. 그러나 시대 변화에 맞지 않는 내용을 담고 있을 때가 있습니다. 이럴 경우 그 내용을 바로잡아야 하는데 이처럼 헌법과 관련된 분쟁을 다루는 재판소를 '헌법재판소'라고 합니다. 그 역할은 국회에서 만든 법률이 헌법에 어긋나지 않은지 살피고 대통령이나 장관 등이 큰 잘못을 해서 파면이 요구되거나 국가 기관 간에 다툼이 생겨 중재를 해야 할 때에 심판을 합니다. 국민이 헌법 소원을 했을 때에도 그 진실을 가려 심판을 합니다. 또 정당 해산권도 있어서 헌법 질서를 어지럽힌 정당에 대해 해산을 요구하는 심판을 하기도 합니다.

시청해 봅시다

전세계에서도 주목한 촛불혁명을 이루기까지 한국의 민주주의는 많은 시민의 용기와 희생이 뒷받침되어 성장하였습니다. 이와 관련된 영상을 감상해 보고 한국 민주주의 성장의 동력에 관해 함께 토론해 봅시다.

- 영화 〈꽃잎〉(1996)
- 영화 〈박하사탕〉(1999)
- 영화 〈화려한 휴가〉(2007)
- 영화 〈변호인〉(2013)
- 영화 〈택시운전사〉(2017)
- 영화 〈1987〉(2017)
- 영화 〈남산의 부장들〉(2019)

냉전 체제의 긴장과 완화

이런 것들을 배워 봅시다

한국 전쟁 종결 이후 남북 간의 군사적 긴장은 휴전선뿐만 아니라 일상으로도 파고들었습니다. 분단 체제가 고착되면서 남과 북의 대립은 점점 더 고조되었습니다. 그러나 한반도의 긴장 완화와 남북 화해 및 교류를 위한 남과 북의 노력도 꾸준히 이루어졌습니다. 활발한 남북 교류와 북방 외교를 바탕으로 2000년 최초의 남북 정상 회담이 개최되었고, 남북 간의 정치·경제·문화 교류가 크게 확대되었습니다. 분단 극복을 위한 남북의 여러 노력들에도 불구하고 한반도의 분단 상황은 여전히 계속되고 있습니다. 한반도의 평화 정착을 위해서는 남과 북은 물론 주변 국가들의 관심과 노력이 필요합니다.

- 한국 전쟁 이후 남북 간의 긴장 완화를 위해 전개된 교류 양상을 살펴보고, 그 의의를 생각해 봅시다.
- 한반도의 분단 상황이 계속되는 이유를 찾아보고, 분단 극복을 위해 무엇을 할 수 있는지 생각해 봅시다.

찾아가 봅시다

- 통일전망대(강원도 고성군)
- 오두산 통일전망대(경기도 파주시)
- 강화도제적봉 평화전망대 (인천시 강화군)

- 공동경비구역(JSA, 판문점) (경기도 파주시)
- DMZ생태평화공원 (강원도 철원군)

1·21 사태란?*

1968년 1월 21일 북한 민족보위성(民族保衛省) **정찰국 소속의 무장 게릴라 31명이 청와대 습격과 정부 요인 암살 명령을 받고 서울에 침투한 사건을 말합니다. 그중 유일하게 생포된 김신조의 이름을 따서 '김신조 사건'이라고도 부릅니다.**

푸에블로호(Pueblo 號) 사건이란?**

1968년 1월 23일 북한 원산항 앞 공해상에서 미국의 정보수집함 푸에블로호가 북한의 해군 초계정에 의해 납북된 사건을 말합니다.

판문점 도끼 만행 사건이란?***

1976년 8월 18일 북한군이 판문점 공동경비구역 안에서 미루나무 가지치기 작업을 감독하던 미군 장교 두 명을 도끼로 살해한 사건을 말합니다.

▍극단적 남북 대결의 시대, 분단이 체제로 고착되다 ▍

1953년 7월 휴전 협정 조인 후, 휴전선은 38선을 대신해 남북 대립의 최전선이자 미소 냉전 대립의 최전선이 되었습니다. 한반도는 휴전상태, 즉 당장이라도 전쟁이 재개될 수 있는 군사적 긴장 상태로 남게 되었습니다. 특히 1960년대 남북은 무장부대를 활발히 파견하였습니다. 1968년 1·21 사태 와 이승복 일가족 피살 사건은 북한이 남파한 '무장공비(武裝共匪)' 사건의 대표적 사례입니다. 남한도 1972년까지 약 1만여 명의 공작원을 북파하였다고 합니다. 영화 〈실미도〉(2003)는 남북 대결 과정에서 남한 정부가 어떤 식으로 북파공작원들을 희생시켰는지 잘 보여줍니다. 1970년대에는 북한이 남침을 위해 휴전선 근처에 판 땅굴이 연달아 발견되면서 긴장이 고조되었습니다. 이 외에도 푸에블로호 사건**, 판문점 도끼 만행 사건***, 아웅산 묘소 폭탄 사건**** 같은 테러 사건도 반복되었습니다. 휴전선은 일촉즉발 상태가 되었으며, 남과 북은 더욱더 군비경쟁에 박차를 가하였습니다.

　남북 간의 군사적 긴장은 휴전선뿐만 아니라 일상으로도 파고들었습니다. 거기에 큰 역할을 한 것이 간첩 사건입니다. 한국에서는 전쟁 때 행방불명되었던 사람이 북한의 간첩으로 남파되었다가 체포됐다는 뉴스가 심심치 않게 보도되었습니다. 마을마다 거의 모든 전봇대와 담장, 심지어 집안에까지 "이웃집에 오신 손님 간첩인지 살펴보자", "의심나면 다시 보고 수상하면 신고하자", "아빠 엄마

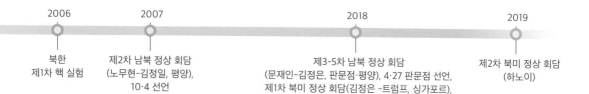

2006	2007	2018	2019
북한 제1차 핵 실험	제2차 남북 정상 회담 (노무현-김정일, 평양), 10·4 선언	제3-5차 남북 정상 회담 (문재인-김정은, 판문점·평양), 4·27 판문점 선언, 제1차 북미 정상 회담(김정은 -트럼프, 싱가포르), 6·12 북미 공동 선언, 9월 남북 평양 공동 선언	제2차 북미 정상 회담 (하노이)

누나 동생 다 같이 간첩신고"와 같은 표어가 나붙었습니다.

간첩을 식별하는 방법도 구체적으로 제시되었습니다. 예를 들면 야간이나 새벽에, 특히 해안이나 산에서 나오는 낯선 사람, 날이 화창한데도 신발에 진흙이 묻은 사람, 물가나 마을 사정에 어두운 사람, 야밤에 라디오를 청취하는 사람, 군부대 근처를 서성이는 사람, 직업이 없는데도 생계를 유지하거나 갑자기 생활수준이 높아진 사람, 행방불명 됐다가 갑자기 나타난 사람, 연고자 없이 외국여행이 잦은 사람, 엔화나 달러를 소지한 사람, 현 정부에 불평불만이 많은 사람은 수상한 사람이므로 반드시 신고하도록 하였습니다. 방첩(防諜) 신고센터 전화번호 113은 냉전 시대 한국에서 가장 친숙한 숫자였습니다. 지금도 한국 사람들은 유명한 사람이나 사실을 설명할 때 흔히 "○○○를 모르면 간첩이지"라고 말하는데, 이는 바로 그 같은 남북 대결 시대의 유습입니다.

아웅산 묘소 폭탄 사건이란?**

1983년 10월 9일 전두환 대통령과 수행원 일행이 방문 중이던 미얀마 아웅산 묘소에서 일어난 폭탄 테러 사건으로, 한국인 17명과 미얀마인 4명 등 21명이 사망하고 수십 명이 부상을 당하였습니다.

◀▼ 거동 이상자 신고 안내문
▼ 간첩 찾아내기 운동 전단
ⓒ대한민국역사박물관

**연좌제(緣坐制,
implicative system)
란?**

범죄인과 특정한 관계
에 있는 사람에게 연
대 책임을 지게 하고
처벌하는 제도를 말합
니다.

간첩 사건 중에는 정치적 목적을 위해 남과 북의 정부가 일부러 조작하거나 이용한 사건도 많았습니다. 북한 김일성 정권은 조선공산주의 운동의 최고 지도자인 박헌영을 미제 간첩으로 몰아 처형하였고, 남한의 이승만 정권은 진보당의 조봉암을 간첩으로 몰아 사형시켰습니다. 김대중 전 대통령도 박정희 정권 때 간첩으로 몰려 사형당할 뻔하였습니다. 독재 정권에 "불평불만이 많은" 비판적 인사들이 반공법과 국가보안법 위반죄로 희생당하였을 뿐만 아니라 그 가족들까지 연좌제°로 고통 받았습니다. 남과 북을 막론하고 독재 정권들은 자기 정권의 유지와 이익을 위해서 남북 간의 대결과 긴장을 이용하고 심지어 조장하였던 것입니다.

그 결과 냉전 시대 한반도는 극심한 이데올로기 전쟁터가 되었습니다. 한국의 경우 "잊지 말자 6.25", "북괴남침 예고 없다, 자나 깨나 총력안보", "무찌르자 공산당, 때려잡자 김일성" 같은 구호가 넘쳐나는 극단적 반공사회가 되었고, 북한 역시 미국을 "철천지원수", "미제 승냥이"라며 규탄하는 극단적 반미국가가 되었습니다. 남북 간 군사적 대결과 각종 테러 사건, 거기에 정부가 조작한 간첩 사건

땅굴 북한의 땅굴은 1974년 11월 15일 고랑포에서 처음 발견된 제1땅굴을 포함하여 지금까지 모두 4개가 발견되었습니다. 제2땅굴은 1975년 철원에서, 제3땅굴은 1978년 판문점 부근에서, 그리고 제4땅굴은 1990년 강원도 양구에서 발견됐습니다. 북한은 속전속결 기습전으로 남조선을 해방할 수 있게 하라는 김일성의 '9.25교시'에 따라 1971년부터 땅굴작전을 개시한 것으로 알려져 있으며, 현재까지 약 20여 개의 땅굴이 굴착된 것으로 추정되고 있습니다.

▲ 한반도의 군사 분계선　　▲ 이현리 제4땅굴 출입구

ⓒ대한민국역사박물관 현대사아카이브

들은 모두 참혹했던 한국 전쟁의 기억과 공포를 수시로 상기시켰고 서로에 대한 적대감을 고조시켰습니다. 분단은 해소되기는커녕 점점 더 고착되고 체제화 되었습니다. 그 같은 분단 체제 아래에서 휴전선뿐만 아니라 남과 북의 모든 일상이 소리 없는 전쟁터였습니다.

남북 관계를 개선하기 위한 노력이 계속되다

분단이 점차 고착되고 말았지만 그 사이 분단 극복을 위한 남북의 노력이 없었던 것은 결코 아닙니다. 남북 관계 개선 노력의 첫 번째 성과는 바로 '7·4 남북 공동 성명'이었습니다. 닉슨이 중국을 방문하고 중국과 일본이 국교를 정상화했던 1972년, 남북한 당국은

**사회주의헌법
이란?**

기존의 인민민주주의
헌법(1948년 제정)이
이미 사회주의 완성단
계로 들어선 현실을
반영하지 못한다는 판
단 하에 폐기하고, 새
로 채택한 헌법을 말
합니다. 북한이 사회주
의 체제임을 강조하고
주체사상의 지도적 지
위를 명시하였습니다.

역사적인 '7·4 남북 공동 성명'을 발표하였습니다. 1960년대 말부
터 시작된 세계적 데탕트 분위기가 남북 관계에도 영향을 미친 것
입니다. '7·4 남북 공동 성명'은 한국 전쟁 이후 처음으로 이루어
진 남북한 공식 대화의 결과물이며 남북이 자주, 평화, 민족대단결
이라는 3대 통일원칙에 합의했다는 점에서 그 의미가 매우 큽니다.
1960년대 말 극심했던 남북 간 무장유격대 파견도 이를 계기로 중
단되었습니다.

하지만 1972년 10월 한국의 박정희 정권은 유신체제를 성립하
여 1인 독재 체제를 강화하였고, 뒤이어 북한의 김일성 정권도 사회
주의헌법˚을 반포하여 유일체제를 완성하였습니다. 두 정권 모두 남
북통일보다는 자기 정권과 체제를 유지하는 데 더 급급하였습니다.
이후에 알려진 사실이지만, 성명이 발표되던 1972년을 전후로 북한
은 남침을 위한 땅굴들을 파기 시작하였습니다. 특히 1976년 발생한
판문점 도끼 만행 사건으로 급격히 냉각되어 버린 남북 관계는 그
후로도 계속 이어졌습니다. '7·4 남북 공동 성명'은 그 역사적 의의
에도 불구하고 유명무실한 정치적 선언에 그치고 만 셈입니다.

남북 관계의 유의미한 진전이 이루어진 것은 1990년을 전후해
서입니다. 1988년 서울 올림픽을 계기로 한국의 노태우 정부는 남북
동포 상호교류, 이산가족의 서신왕래 및 상호방문 추진, 남북 교역을
민족 내부교역으로 인정, 민족 경제의
균형적 발전 등을 표명한 '7·7선언'을
발표하였습니다. 1990년부터 15개월에
걸쳐 남북 고위급 회담을 개최하고 최
종적으로 1991년 12월 남북 기본 합의
서를 채택하였으며, 그 과정에서 남북
동시 유엔 가입도 성사되었습니다. 또
노태우 정부는 과거 한국이 적대국으로
간주하였던 헝가리, 폴란드, 중국, 소련,

▼ 1990년 6월 4일
노태우 대통령과
고르바초프 소련 대통령
정상 회담
©대통령기록관

베트남 같은 북방국가, 즉 사회주의 국가들과도 전격적으로 외교관계를 수립하는 '북방 외교'도 펼쳤습니다.

한국은 소련, 중국 등과 새로운 관계를 맺는 데 성공했지만 북한은 미국, 일본 등과 새로운 관계를 구축하지 못하였습니다. 새로운 국제 관계 하에서 한국을 비롯한 미국과 일본은 북한 체제를 있는 그대로 인정하기보다는 자본주의 세계로 흡수하고자 하였습니다. 반면에 사회주의 원조경제에 많은 부분을 기대고 있던 북한은 소련이 해체됨에 따라 경제적으로 큰 타격을 받게 되었습니다. 설상가상으로 심각한 자연재해까지 겹친 결과 북한은 1990년대 중후반 이른바 '고난의 행군' 시대를 겪게 됩니다. 그런 가운데 북한은 이러한 어려움을 극복하기 위한 대책으로 핵을 개발하여 체제 안전을 보장받는 극단적 전략을 선택하였습니다.

미국을 비롯한 국제 사회는 북한의 핵 개발을 저지하기 위해 대북 경제 제재 조치를 취하였습니다. 궁지에 몰린 북한은 그럴수록 더 핵 개발에 매달리는 악순환이 시작되었습니다. 사실 1차 북핵 위기 당시 북한과 미국은 1994년 제네바 회의에서 전격적인 합의를 이루기도 하였습니다. 북한이 핵 개발을 포기하고 핵 사찰을 받는 대신 미국이 북한의 체제 안전을 보장하고 경수로 발전소를 지어주기로 한 것입니다. 하지만 미국 의회의 대북 자금 지원 불승인으로 북미관계는 다시 경색되었고 상호 불신만 깊어지고 말았습니다.

고난의 행군이란?*

1990년대 중반 북한이 수십만 명이 굶어 죽을 만큼 심각한 경제 위기 상황이 닥치자 이를 극복하자는 의미로 채택한 정치적 구호를 말합니다. 1938-39년 사이 김일성 유격대가 일본군 토벌작전을 피해 혹한과 굶주림을 견디며 100여 일간 행군했던 일화에서 유래하였습니다.

햇볕정책이란?**

김대중 정부의 대북 유화정책을 가리키는 말로 남북한 교류와 협력 증대를 추구하며, 적대와 배제, 강경책보다는 화해와 포용을 중시하는 정책을 지칭합니다.

한반도 평화를 위한 지난한 여정, 아직도 갈 길은 멀다

1998년 들어선 김대중 정부는 대북 '햇볕정책'을 통해 남북의 화해와 긴장 완화를 위한 길을 닦았습니다. 그 결과 2000년에는 최초의 남북 정상 회담이 평양에서 개최되었고, 1국가 2체제 통일 방안에 동의하는 '6·15 남북 공동 선언'이 발표되었습니다. 그 뒤를 이어

비전향 장기수 (非轉向長期囚)란?•

전 인민군 포로나 남파간첩, 조작간첩 등으로 장기간 수감 중이면서 전향서를 쓰지 않은 사람을 말합니다. 1993년 3월 이인모 노인이 장기수 최초로 북측에 인도되었으며, 이후 2000년 6·15 남북 공동 선언과 남북 적십자 회담에 따라 2000년 9월 북한행을 희망하는 비전향 장기수 63명이 북한으로 송환되었습니다.

경의선(京義線) 복원 사업이란?••

서울에서 개성, 사리원을 거쳐 평안북도 신의주까지 연결하는 철도 노선이었으나 한국 전쟁 중이던 1951년에 운영이 중단되었습니다. 2000년 남북 정상 회담 합의에 따라 2003년 6월 연결식이 진행되었고, 2007년 5월 17일에는 문산역에서 개성역까지 시험 운행이 이루어졌습니다.

6자회담이란?•••

북한의 핵 문제 해결과 한반도의 비핵화를 실현하기 위해 2003년 8월 27일 처음 열린 한반도 주변 6개국 회담입니다. 참가국은 한

▲ 제1차 남북 정상 회담 (사진=연합뉴스)

선언을 실천하기 위한 각 분야 실무 회담이 잇달아 개최되었습니다. 실제로 8월에는 남북 이산가족방문단 교환이 이루어지고, 9월에는 비전향 장기수•들이 북송되었습니다. 전쟁으로 멈춰 섰던 경의선••철도가 복원되기 시작하였고, 개성공단 건설과 금강산 관광사업이 추진되었으며 문화, 예술, 언론, 학술 등 여러 분야에 걸쳐 민간 교류도 활발해졌습니다. 한반도 평화를 위한 이러한 노력을 인정받아 김대중 대통령은 2002년 노벨평화상을 수상하였습니다.

노무현 정부 역시 김대중 정부의 대북정책을 계승하여 남북 교류를 꾸준히 진행하고 확대하는 한편 북핵 문제 해결을 위해 2003년 남북한과 미·일·중·러가 참여하는 6자회담•••을 추진하였습니다. 그러나 결국 2006년 북한은 1차 핵 실험을 실시하였고, 자연히 한반도의 위기는 고조되었습니다. 그런 가운데 노무현 대통령과 김정일 위원장은 2007년 평양에서 제2차 남북 정상 회담을 개최하고 '10·4 선언'을 발표하였습니다. 두 정상은 '10·4 선언'에서 군사적 대결관계의 종식과 평화 체제 정착을 위해 협력하고 '서해평화

▲ 제2차 남북 정상 회담 (사진=연합뉴스)

국·북한·미국·일본·중국·러시아이며, 2003년 8월부터 2007년 9월까지 북경에서 총 6차례의 6자회담이 개최되었습니다.

서해평화협력특별지대란?**

북한의 해주 지역과 주변 해역을 포괄하는 지대에 공동 어로 수역과 평화 수역을 설정하여 남북 충돌 위험을 줄이는 동시에 경제특구를 건설하여 개성공단과 맞먹는 남북 경제 협력의 거점으로 삼고자 한 계획을 말합니다.

협력특별지대****'를 설치하기로 합의하였습니다. 김대중, 노무현 정부의 주도적 노력에 힘입어 남북 간 실질적인 화해와 교류의 문이 활짝 열리게 된 것입니다. 하지만 2010년 천안함 사건과 북한의 연평도 포격 사건 이후 남북 관계는 다시 경색되고 맙니다. 대북 강경 정책을 추구하던 이명박 정부와 박근혜 정부 시절 이산가족 방문 사업을 비롯한 민간 차원의 모든 교류가 중단되었고 급기야 개성공단도 폐쇄되고 말았습니다. 또 북한은 2013년 핵보유국 선언을 하고 2017년에는 대륙 간 탄도미사일까지 발사했습니다. 남북 관계는 물론 북미 관계가 최악의 상황으로 치달았고, 한반도는 한국전쟁 이래 최고의 군사적 긴장 상태에 놓이게 되었습니다.

　촛불혁명을 통해 들어선 문재인 정부는 악화된 남북 관계를 개선하고 한반도 평화 정착을 실현하기 위해 주도적으로 나섰습니다. 그 결과 2018년 4월에는 제3차 남북 정상 회담이 판문점에서 열렸고, 연이어 제4차(5월, 판문점), 제5차(9월, 평양) 남북 정상 회담이 개최되었습니다. 특히 제5차 회담 성과물인 '평양남북공동선언'에는 한반도의 전쟁 위험 제거, 비핵화 등 군사적 긴장 완화 조치, 철도 도로 구축 등 남북 경제협력에 관한 구체적 내용 들을 담았습니다. 남북뿐만 아니라 북미 간에도 2018년 6월 싱가포르에서 최초의 정상회담이 열렸고 2019년 2월에는 하노이에서 2차 정상회담이 개최되었습니다. 불과 1년도 채 안 되는 사이에 무려 3차례의 남북정상회담과 2차례의 북미정상회담이 숨 가쁘게 이루어진 것입니다. 이는 당장이라도 종전선언이 이루어지고 한반도에 평화가 정착될지 모른다는 희망을 안겨 주기에 족했지만, 기대와 달리 북미 간 대화는 북핵 문제 해법을 둘러싼 입장 차이로 인해 결렬되고 말았습니다.

분단 극복을 위해 걸어온 지난한 여정은 애초 한반도의 분단이 남과 북의 의지로 이루어진 것이 아니듯, 그 분단의 극복 역시 남과 북의 의지만으로 성사될 수는 없음을 여실히 보여주었습니다. 그 같은 냉혹한 국제 현실은 소련과 동구 공산권이 무너진 지 30년이 훌쩍 지난 지금도 냉전의 유령이 국제정치의 논리 속에, 또 우리의 일상 속에 여전히 활보하고 있음을 보여줍니다. 지금 이 순간도 한반도의 분단은 건재하고 남북 관계는 위태롭습니다. 한반도가 지금껏 가보지 못한 평화의 길로 들어설지는 남북한과 국제사회 모두가 냉전의 유령을 어떻게 창조적으로 극복하느냐에 달려 있다고 할 수 있겠습니다.

▶ 제3차 남북 정상 회담
(사진=연합뉴스)

개성공단(개성공업지구) 북한 개성시에 남북이 공동으로 개발한 공업지구로서, 2000년 남북 정상의 6·15 공동 선언 이후 추진된 남북 교류 협력 사업의 대표적 성과로 평가됩니다. 2002년 북한이 제정한 개성공업지구법에 따라 북한이 토지와 근로자를 제공하고 남한의 토지공사와 현대아산이 공단을 조성했으며, 2004년 시범 단지 운영을 거쳐 2005년부터 본격적으로 가동되기 시작했습니다. 2012년까지 섬유, 화학, 기계금속, 전기전자, 식품 등 123개 업체가 입주했으며 5만 명이 넘는 북한 근로자와 780여 명의 남한 근로자가 종사하는 대규모 공업단지로 성장했습니다. 개성공업지구는 남북한 경제뿐만 아니라 평화 구축에도 유의미한 존재였습니다. 그러나 북한의 핵실험과 장거리 미사일 발사로 2016년 2월 남한 측이 철수한 이래 현재까지 가동이 중단된 상태입니다.

시청해 봅시다

한국 전쟁 종결 이후 남북 간의 대결이 어떤 양상으로 전개되었고, 어떻게 분단 체제가 고착되어 왔는지 관련 영상을 감상해 보고 생각해 봅시다.

- 영화 〈쉬리〉(1997)
- 영화 〈공동경비구역 JSA〉(2000)
- 영화 〈이중간첩〉(2002)
- 영화 〈실미도〉(2003)
- 영화 〈의형제〉(2010)
- 영화 〈코리아〉(2012)
- 영화 〈그물〉(2016)
- 영화 〈강철비1, 2〉(2017, 2020)

한국 문화의 세계화

이런 것들을 배워 봅시다

한국은 한국 전쟁과 분단의 아픔을 딛고 빠른 경제적 발전과 정치적 민주화를 이룩하였습니다. 짧은 기간 동안의 비약적인 정치·경제적 성장은 국제 사회의 주목을 받고 있습니다. 한국은 높아진 국제적 위상을 바탕으로 국제 사회에 공헌하기 위해 다양한 활동을 전개하고 있습니다. 한편 1990년대 이후 한국 문화는 전 세계 여러 나라에서 주목을 받으며 '한류'라는 새로운 문화 현상을 일으키기 시작했습니다. 한류 현상은 한국에 대한 관심을 크게 불러일으켰고 국가 브랜드의 가치 상승에도 긍정적인 영향을 미쳤습니다. 오늘날 한류는 한국의 문화를 넘어 세계인이 함께 즐기고 느끼는 문화가 되었습니다.

- 국제 사회에서 한국의 위상에 대해 생각해 봅시다.
- 한류 현상이 등장한 배경과 의미에 대해 생각해 봅시다.

찾아가 봅시다

- 대한민국역사박물관(서울시 종로구)
- 서울역사박물관(서울시 종로구)
- 청계천(서울시 종로구)
- 대장금 파크(경기도 용인시)

- 한국영화박물관(서울시 마포구)
- 부산국제영화제(부산시 중구)

경제 협력 개발 기구(OECD)란?

1961년 경제 발전과 세계 무역의 촉진을 위해 설립된 국제기구로서 유럽 경제 협력 기구를 확장 개편하여 마련되었습니다. 1964년에는 아시아와 다른 지역에도 문호를 개방하였고, 한국은 1996년 29번째 정회원국이 되었습니다. 회원국 간의 경제사회 발전을 모색하고 세계 경제 문제에 공동으로 대처하기 위한 협의기구입니다.

▌ 국제 사회에서 위상이 향상되다 ▌

한국은 민주화 운동을 통해 정치 발전을 이룩하였고, 비약적인 경제 성장을 이루었습니다. 특히 반도체, 선박, 자동차, LCD(액정화면) 등의 분야에서 세계 최고 수준의 기술을 갖추었고, IT 분야에서 세계 기술 문화를 선도하고 있습니다. 이러한 경제 성장에 힘입어 한국의 국가 이미지와 경쟁력은 점차 상승하였습니다. 이를 바탕으로 한국은 국제 연합(UN), 경제 협력 개발 기구(OECD), 주요 20개국(G20) 정상 회의 등 주요 국제기구에 가입하여 적극적으로 활동하며 국제 사회에서 영향력을 확대하고 있습니다.

높아진 국제 위상을 바탕으로 한국은 국제 사회에 공헌하기 위해 다양한 활동을 전개하고 있습니다. 국제 연합 총회에서 2년 임기의 안전 보장 이사회 비상임 이사국에 선출되기도 하였고, 국제 연합의 평화 유지 활동(PKO)에도 적극적으로 참여하고 있습니다. 이 외에도 1987년 대외 경제 협력 기금(EDCF)을 설치하고, 1991년 한국 국제 협력단(KOICA)를 설립해 개발경험과 기술이 필요한 국가를 지원하고, 자원봉사자를 파견하는 활동을 전개하고 있습니다.

특히 광복 이후 외국의 원조를 받았던 한국은 대외 원조를 하는 나라로 발전하여 개발도상국에 대한 정부개발원조(ODA)에 적극적으로 나서고 있습니다. 한국의 공적 개발 원조의 규모는 OECD 국가 가운데 15위(2019)를 차지하고 있으며, 최근 10년간의 연평균 공적 개발 원조 증가율은 11.9%로 회원국 가운데 가장 높습니다.

이처럼 국제 사회에서 위상이 높아지게 되면서 한국은 2010년 아시
아에서는 처음으로 '서울 G20 정상 회의'를 개최하였습니다.

G20 세계 주요 20개국의 모임을 말합니다. G는 영어 Group의 약자이며, 20은 회원국의 수를
의미합니다. 참석한 국가 수에 따라 G5, G7 등으로 분류되기도 합니다. 1973년 제1차 석유 파
동과 그에 따른 세계 불황을 계기로 미국, 영국, 프랑스, 독일, 일본 등 5개국의 정상들이 경제
협력을 위해 모인 것이 시초가 되었습니다. 1975년 프랑스에서 열린 회의에 이탈리아를 초청
하여 G6이 되었고, 이듬해 미국에서 열린 회의에 캐나다가 초청되어 G7으로 발전하였습니다.
한편 1997년 아시아 외환위기 이후 금융, 외환 등 국제적 위기 대체 시스템의 부재가 문제점으
로 지적되면서, 1999년 12개의 신흥국(한국, 아르헨티나, 오스트레일리아, 브라질, 중국, 인도, 인도네
시아, 멕시코, 러시아, 사우디아라비아, 남아프리카공화국, 터키)과 유럽연합(EU)를 더하여 G20이 성
립되었습니다.

◀ 서울 G20
정상 회의

▌ 서울, 전통과 현대가 공존하는 거대 도시가 되다 ▌

서울은 1392년 조선의 건국과 더불어 수도로 건설된 후 600여 년 동안 한국의 정치, 경제, 문화의 중심지였습니다. 이 때문에 서울은 한국의 전통 문화와 문화유산을 잘 간직한 도시이기도 합니다.

조선시대 서울은 청계천을 경계로 북촌(北村)과 남촌(南村)으로 구분되어, 북촌은 고급 관리들이 주로 거주하였고, 남촌은 관직에 오르지 못한 가난한 양반과 일반 백성들이 거주하였습니다. 그러나 일제 강점기 남촌을 중심으로 도시 공간을 재편하면서 현재의 충무로와 명동이 상업 중심지로 개발되었습니다. 해방 이후 서울은 급속한 인구의 증가와 경제성장으로 도시가 확장되었고 현대화된 도시 경관을 자랑하는 거대 도시로 변하였습니다. 특히 1970년대 이후로 한강(漢江) 이남의 개발이 급속도로 이루어져 고층 빌딩과 아파트가 건설된 현대적 지역으로 변모하였습니다. 동시에 이 지역은 서울 종합 운동장을 비롯한 다수의 스포츠 시설이 자리 잡고 있으며 국제적 수준의 스포츠 대회를 유치하기도 하였습니다. 최근에는 역사적 전통을 간직한 한강 이북 지역을 전통적인 공간으로서 특화시켜 개발하여, 전통과 현대가 공존하는 도시로 정비하고 있습니다. 2000년대 초 복원 사업이 진행된 청계천은 관광객들과 시민들이 자주 찾는 명소가 되었습니다.

현재 서울에는 한국 전체 인구의 약 20%에 해당하는 1000만여 명이 살고 있습니다. 서울은 정치, 행정, 외교의 중심지로 국회의사당과 정부기관, 각국 대사관과 영사관 등이 집중되어 있고, 또 경제를 이끌어가는 중심 도시로서 한국 GDP의 20%가 창출되며, 금융의 50% 이상이 서울에 집중되어 있습니다. 중국의 베이징, 일본의 도쿄와 함께 동아시아 3대 도시에 속하는 서울은 한국의 산업과 금융·물류·첨단지식의 거점이자, 공항과 고속철도, 항만 등의 뛰어난 교통 시설을 바탕으로 동아시아 각 지역을 연결하는 역할을 담당하고 있습니다.

청계천 청계천(淸溪川)은 북악산과 인왕산 부근에서 발원하여 시가지 중심부를 동쪽으로 흘러 중랑천으로 흘러드는 하천으로, '개천(開川)'이라고도 합니다. 청계천은 서울을 도읍으로 정한 조선시대부터 정비가 시작되었습니다. 조선 3대왕 태종은 즉위 초인 1406년부터 청계천의 바닥을 넓히고 둑을 쌓는 등의 정비에 착수하였습니다. 1411년에는 개거도감(開渠都監, 이듬해 개천도감(開川都監)으로 명칭 변경)을 설치하여 대대적인 청계천 정비를 실시하였고, 광통교, 혜정교 등의 돌다리를 만들었습니다. '개천'이라는 말은 '내를 파내다'라는 의미로 자연 상태의 하천을 정비하는 토목공사를 일컫는 말이었는데, 이때의 공사를 계기로 청계천을 가리키는 고유 명사가 되었습니다. 그 뒤 세종 때에는 지천(支川)과 작은 세천(細川)의 정비를 통해 홍수를 예방하고자 하였고, 수표(水標)를 세워 개천의 수위를 측정할 수 있도록 하였습니다. 또한 영조 때에는 준천사(濬川司)를 설치하여 대규모의 개천 준설 공사가 이루어졌습니다.

조선시대 북촌과 남촌의 경계였던 청계천은 일제 강점기 남촌을 중심으로 도시 기반 시설이 신축되면서 한국인과 일본인 간의 차별의 선이 되기도 하였습니다. 1918년부터 일본은 청계천과 일부 지천에 대한 정비를 시작하게 됩니다. 이는 조선 총독부를 비롯한 식민 지배의 중추기관을 청계천 이북으로 이전하기 위한 사전 정비 작업의 하나이기도 했습니다. 그리고 1920년대 이후 여러 차례 청계천 복개(覆蓋) 계획을 발표하지만 재정 문제로 제대로 실행되지 못하였고, 실제로 복개가 이루어진 것은 1937년 태평로에서 무교동 구간이었습니다.

한국 전쟁 이후 청계천은 가난함과 불결함을 보여주는 대표적인 슬럼 지역이었으며, 위생 면에서나 도시경관 면에서 청계천을 그대로 두고 서울의 발전은 기대할 수 없었습니다. 1955년 광통교 상류를 시작으로 1977년 신답철교까지 복개되었고, 동시에 총 길이 5,6km, 폭 16m의 청계고가도로가 1971년 8월 15일 완공되었습니다. 더럽고 낡은 판잣집 대신 시원하게 뚫린 복개도로와 고가도로는 근대화·산업화의 상징으로 여겨졌습니다. 그러나 무분별한 개발시대에 대한 반성과 600년의 역사를 간직한 서울과 함께 해 온 청계천 복원의 필요성이 대두되면서, 2003년 청계천 복원 사업이 시작되었고 2005년 10월 청계천은 자연과 어우러진 새로운 모습으로 탈바꿈하였습니다.

▲ 청계천 복원 공사

▲ 청계천

▌한국 문화가 세계로 뻗어 나가다 ▌

한국은 오랜 역사 속에서 다양한 전통문화와 유산을 보존하고 계승 발전시켜 왔습니다. 역사적·예술적 가치가 높은 유·무형 문화재는 세계적으로도 높은 평가를 받고 있습니다. 이러한 전통문화의 특징과 그 속에 담긴 예술정신은 오늘날의 한국 문화에 직간접적으로 계승되고 있습니다. 최근 문화의 위상과 역할이 증대되면서 전통문화에 대한 관심을 포함한 문화산업의 확대는 정치와 경제의 새로운 흐름을 주도하는 성장 동력으로서 큰 주목을 받고 있습니다.

1990년대 이후 한국의 문화는 여러 나라에서 주목을 받으며 '한류(韓流)'라는 새로운 문화현상을 일으키기 시작했습니다. 특히 한류 현상은 산업적 기반을 다진 대중문화의 발전을 바탕으로 전개되었습니다. 드라마 〈겨울연가〉와 〈대장금〉은 초기 한류를 견인한 대표적인 작품입니다. 2002년 제작되어 2004년 일본에 소개된 〈겨울연가〉는 주연배우 배용준을 지칭하는 '욘사마' 열풍을 만들었고, 드라마의 배경이 된 장소들은 일본인들의 관광 명소가 되어 한류 관광 산업의 시작을 알렸습니다. 또한 2004년 수출된 사극 드라마인 〈대장금〉은 중화권의 인기를 넘어 중동과 유럽, 아프리카까지 인기가 확대되었고, 드라마 방영 이후 한국의 전통문화와 음식에 대한 관심을 크게 환기하는 계기가 되었습니다. 이후 다양한 소재의 수많은 한국 드라마가 수출되어 드라마 한류를 이끌게 됩니다.

▼ 겨울연가
▼▼ 대장금

한국의 대중가요 역시 이전과는 다른 양상을 띠게 되었습니다. 1990년대 초반부터 등장하기 시작한 아이돌 그룹은 현란한 댄스와 빠른 리듬을 바탕으로 폭발적인 인기를 끌었습니다. 이들은 10대를 중심으로 열광적인 팬클럽 문화를 일으켰고, 점차 주부, 직장인, 중장년층에 이르기까지 다양한 집단으로 확산되었습니다. 2000년대 이후 다수의 대형 기획사들을 중심으로 제작된 아이돌 그룹이 가요계 주류로 자리 잡게 되었고, 이들은 국내의 인기를 기반으로 더 넓은 시장으로의 진출을 모색하게 됩니다.

2000년 H.O.T.의 베이징 공연은 중국에서의 본격적인 한류의 시작이었습니다. 일본에서는 2001년 보아가 출시한 정규 음반이 한국 노래 최초로 오리콘 앨범차트 1위에 오르는 성과를 냈고, 동방신기는 2009년 한국 그룹 최초로 도쿄돔 무대에 섰습니다. 2010년 이후에는 한국의 대중가요가 K-POP으로서 브랜드화하여 아시아를 넘어 미국과 유럽 등에서도 큰 인기를 얻게 됩니다. 2012년 '강남스타일'을 발표하면서 전 세계적인 인기를 끈 싸이(PSY)는 영국, 독일, 프랑스 등 30개국 이상의 공식 차트에서 1위를 기록한 것은 물론 미국 빌보드 핫 100 차트에서 7주 연속 2위를 기록하였고, 유튜브 최단 최대 추천 기록으로 기네스 세계 기록에 등재되기도 하였습니다. 또 2013년 데뷔한 방탄소년단(BTS)은 2017년 11월 미국 3대

◀ 싸이 강남스타일

음악 시상식으로 꼽히는 아메리칸 뮤직 어워드(AMA)에서 성공적인 미국 데뷔 무대를 가진 이래, 2018년 빌보드 뮤직 어워드에서 2년 연속 톱 소셜 아티스트상을 수상하였고, 빌보드에서 앨범순위 1위를 기록하면서 한국을 대표하는 세계적인 아이돌 그룹으로 부상하였습니다. 2019년에는 한국 가수 최초로 영국 웸블리 스타디움에서 단독 콘서트를 개최하였고, 해외 가수 최초로 사우디아라비아에서 단독 스타디움 콘서트를 열기도 하였습니다. 이처럼 한국의 아이돌 문화는 한류의 중심을 이루고 있으며, 한국의 대중문화를 전 세계에 알리고 있습니다.

한국의 영화 산업 역시 한류 현상의 중심에 서 있습니다. 한국 영화는 1980년대 홍콩 영화가 차지했던 자리를 1990년대 이어받으며 아시아를 비롯해 활발한 해외 진출을 이루었습니다. 1990년대 이후 영화 한류를 이끌었던 배경에는 다양한 장르에서 작품성과 흥행성을 갖춘 영화를 제작한 유능한 감독들의 등장이 있었습니다. 나아가 2000년대 이후에는 뛰어난 기술력까지 겸비되면서 아시아를 넘어 세계 시장으로 진출하게 되었고, 세계의 여러 영화제에서 다수의 작품상과 주연상을 수상하는 등 한국 영화의 질적 우수성을 인정받았습니다. 특히 봉준호 감독의 영화 〈기생충〉은 2019년 칸영화제에서 황금종려상을 수상하였고, 2020년 골든 글로브 외국어영화상 수상에 이어 제92회 아카데미 시상식에서 최우수 작품상을 비롯한 4관왕을 차지하는 등 한국 영화에 대한 관심은 열기를 더해가고 있습니다.

한류 현상은 한국의 소프트 파워(soft power)에 대한 관심을 전세계적으로 불러일으켰습니다. 한국의 대중문화에 대한 관심은 한국에 대한 관심, 한국어 학습과 관광, 유학 등으로 확산되고 있습니다. 최근 인터넷의 비약적 발전과 보급, IT기술의 발전으로 한국의 문화는 전 세계의 젊은이들에게 큰 영향을 미치고 있습니다.

더 알아봅시다

클래식 한류 대중문화 외에도 문화와 예술을 사랑하는 한국인의 예술 활동은 전 세계적으로 활발하게 이루어지고 있습니다. 피아니스트이자 지휘자 정명훈, 성악가 조수미 등은 일찍부터 국제콩쿠르를 휩쓸며 세계를 매혹시킨 음악가입니다. 최근 쇼팽 국제 피아노 콩쿠르에서 한국인으로는 최초로 우승을 차지한 조성진과 차이콥스키 국제 피아노 콩쿠르에서 준우승을 차지한 피아니스트 손열음 역시 세계적으로 클래식 한류를 이끌고 있습니다. 또한 강수진은 동양인 최초로 독일의 슈투트가르트 발레단의 수석 발레리나로 활동한 세계적인 발레리나로, 1999년 무용계의 아카데미상이라고도 불리는 '브누아 드 라당스(Benois de la Danse)'의 최고 여성무용 수상을 받았습니다.

◀ 피아니스트
조성진

스포츠 강국이 되다

한국은 스포츠 분야에서도 급속한 성장을 이루었습니다. 1980년대 이후 프로 야구와 프로 축구의 등장으로 한국의 스포츠는 새로운 국면을 맞이하게 됩니다. 특히 1988년 개최된 서울 올림픽은 한국 스포츠의 터닝포인트가 되었습니다. 한국 정부는 올림픽 개최국으로서 인프라 확충은 물론 스포츠선수 육성에 본격적인 지원을 시작하게 되었고, 이후 2002년 한일 월드컵 대회, 2002년 부산 아시안 게임, 2014년 인천 아시안 게임, 2018년 평창 동계 올림픽 대회를 성공적으로 개최하는 밑바탕이 되었습니다.

사회 전반에 스포츠가 활성화되면서 시민들은 스포츠 활동에 더 적극적으로 참가하고 즐기게 되었고, 스포츠는 일상적인 여가 활동으로 자리 잡게 되었습니다. 이와 함께 주목할 만한 것은 스포츠 응원 문화입니다. 스포츠 경기장에 직접 찾아가 열렬하게 응원하는 문화는 한국의 프로 스포츠의 하나의 문화로서 자리 잡았습니다. 특히 2002년 월드컵을 계기로 한국의 스포츠 응원 문화는 전 세계의 이목을 끌기도 하였습니다. 수많은 한국인들이 한국 선수들을

▶ 2002년 월드컵 당시
시청 앞 광장

▲ 밴쿠버올림픽 김연아 선수

e스포츠란?*
온라인상에서 이루어지는 컴퓨터게임 대회나 리그를 지칭하는 말입니다.

응원하기 위해 한국의 유니폼을 상징하는 붉은 색 티셔츠를 입고 길거리에 모여, '대~한민국'을 외쳤고, 이들은 '붉은 악마'로 불리며 한국을 대표하는 스포츠 응원 문화의 상징이 되었습니다.

1994년 한국 선수 최초로 메이저리그(MLB)에 진출한 박찬호 투수는 메이저리그 동양인 최다승 투수에 올랐고, 1998년 LPGA 투어 참가 첫 해에 LPGA챔피언십과 US여자오픈에서 우승한 골프선수 박세리는 당시 금융 위기로 실의에 빠진 한국의 국민적인 영웅으로 떠올랐습니다. 이후 축구 선수 박지성의 유럽 리그 진출로 본격화된 스포츠 한류는 2000년대 이후 김연아, 추신수, 류현진, 손흥민 선수는 물론, 한국 출신 감독과 코치 등 스포츠 관계자들의 해외 진출을 통해 큰 성과를 이루고 있습니다. 이를 통해 한국에 대한 인식이 제고되고 스포츠 강국의 이미지를 확고히 하고 있습니다.

한편 한국은 e스포츠* 종주국이기도 합니다. e스포츠는 1990년대 말 컴퓨터 게임 및 IT 산업의 발전과 더불어 크게 성장하였습니다. 1999년부터 TV 중계가 시작된 이래 우호적인 사회 분위기 속에서 누구나 쉽게 참여할 수 있는 대중 스포츠로서 폭넓은 인기를 얻어왔습니다. 특히 미국 게임사 블리자드의 '스타크래프트' 대회에서 국내 게이머들이 좋은 성적을 거두게 되면서, 한국 최초의 프로 게임리그의 탄생으로 이어졌습니다. 2001년 한국e스포츠협회 창립 후 선수 관리, 경기 규칙, 대회 방식 등이 체계화되었고, 한국은 e스포츠의 강국으로서 빠르게 성장해 나갔습니다. 2008년에는 한국이 중심이 되어 독일, 오스트리아, 덴마크, 네덜란드, 벨기에, 스위스,

▶ 리그 오브 레전드 월드 챔피언십

대만, 베트남 등 8개국과 함께 국제 e스포츠연맹(LeSF)을 설립하고, e스포츠를 국제적으로 표준화하는 한편 국제 정식 체육 종목화를 목표로 노력하고 있습니다. 본부는 한국 부산에 있으며, 현재 43개의 회원국이 가입해있습니다.

현재 한국은 e스포츠의 강국으로서 한국 선수들은 주요 e스포츠 대회를 석권하며 세계 최고의 e스포츠 문화를 리드하고 있습니다. 한국은 세계적인 e스포츠 이벤트로 자리 잡은 리그 오브 레전드 (LoL) 월드 챔피언십(롤드컵)에서 5회 우승을 거둬 최다 우승국에 이름을 올렸고, '페이커' 이상혁 선수와 '매드라이프' 홍민기 선수 등이 전 세계적으로 사랑을 받으며 e스포츠 한류를 이끌고 있습니다.

▌21세기 한국, 미래를 준비하다 ▌

한국은 해방 후 한국 전쟁과 분단 상황 속에서 빠른 경제적 발전과 정치적 민주화를 이룩한 나라입니다. 21세기 한국 사회는 이제껏 보지 못했던 새로운 변화를 경험하고 있습니다. 세계화가 심화되면서 사회는 다원화되었고, 개방적인 사회로 변모하고 있으며, 첨단 IT 산업의 발달로 인한 정보의 가속화로 눈부신 성장을 이루었습니다. 또 한류를 바탕으로 한 한국 문화 콘텐츠의 비약적 성장은 국가 브랜드의 가치 상승에도 큰 영향을 미쳤습니다.

한국 사회가 보다 성숙한 사회로 나아가기 위해서는 이제 다문화, 사회복지와 같은 분야에서 더 많은 노력이 필요합니다. 현재 한국은 세계 여러 나라에서 온 외국인들과 함께 생활하는 다문화 사회를 살고 있습니다. 2018년 말 장기체류 외국인과 귀화자 등 외국인 수는 200만 명을 넘었습니다. 이는 지난 2000년 24만4천여 명, 2007년 76만5천여 명, 2011년 140만여 명이었던 것을 비교해 보면, 그 수가 꾸준히 증가하고 있음을 알 수 있습니다. 이는 국가 간 인구 이동이 증가하면서 외국인 노동자, 국제결혼을 통한 결혼 이민자 증대를 비롯해, 한국에 대한 관심으로 한국 문화를 배우러 오는 유학생들의 폭발적인 증가에 따른 것으로, 한국 사회는 점점 더 다문화사회로 나아갈 것으로 예상됩니다. 한국에 온 외국인들과 문화적, 인종적 편견을 버리고 적극적으로 공존하려는 배려와 관용의 자세가 필요합니다. 동시에 여러 나라에서 온 외국인들이 한국에서 생활할 때 부족함 없는 사회복지 정책도 뒷받침되어야 할 것입니다.

한국의 미래를 준비하는 데 있어 남북문제도 신중하게 고려되어야 합니다. 남과 북은 크고 작은 갈등과 대립을 반복하면서도 지속적인 교류를 이어 왔습니다. 2000년 최초의 남북 정상 회담 개최 이후 개성공단, 금강산 관광을 비롯한 여러 경제적·문화적 교류가 있었고, 이산가족의 상봉도 이루어졌습니다. 한반도의 평화, 나아가 세계의 평화를 위해 한국을 비롯한 주변 국가들의 관심과 노력이 더욱 필요합니다.

21세기 한국은 어떤 미래를 준비해야 할까요? 한국은 지난 반세기 동안 쌓아올린 성과를 토대로 과거와 현재, 미래를 연결하기 위해 노력해야 합니다. 우선 정치적·경제적 발전을 기반으로 국제 사회 공동의 이익을 위해 책임 있는 역할을 다해야 합니다. 또한 문화강국으로서 전통과 현대가 어우러지며, 다양한 문화가 공존하는 창조적인 '신한류'를 준비하는 것을 통해 세계 시민의 일원으로 인류 사회에 적극적으로 공헌할 수 있을 것입니다.

시청해 봅시다

오늘날 한류는 세계인이 함께 즐기고 느끼는 세계인의 문화가 되었습니다. 대표적인 드라마와 영화를 감상해 보고 한국의 대중문화가 세계적으로 인기를 얻게 된 원인에 대해 생각해 봅시다.

- 드라마 〈별에서 온 그대〉,
  SBS(2013-2014)
- 드라마 〈태양의 후예〉, KBS(2016)
- 드라마 〈도깨비〉, TVN(2016-2017)
- 드라마 〈사랑의 불시착〉,
  TVN(2019-2020)

- 영화 〈밀양〉(2007)
- 영화 〈아가씨〉(2016)
- 영화 〈브링 더 소울 : 더 무비〉
  (2019)
- 영화 〈기생충〉(2019)

찾아보기

더 읽어보기

 제1강 **독립 협회의 활동과 대한 제국**

김도형(1994)《대한제국기의 정치사상연구》, 지식산업사

독립신문강독회(2004)《독립신문, 다시 읽기》, 푸른역사

정교 저, 조광 편, 변주승 역주(2004)《대한계년사》, 소명출판

황현 저, 임형택 역(2005)《역주 매천야록》, 문학과지성사

 제2강 **일제의 국권 침탈과 구국 운동**

한국언론사연구회(2004)《대한매일신보연구》, 커뮤니케이션북스

주진오 외(2008)《새로운 한국사 길잡이 하(下)》, 지식산업사

박은식 저, 김승일 역(2011)《한국통사》, 범우사

 제3강 **무단 통치기 한국의 변화**

조중환(2007)《장한몽》, 현실문화

다카하시 도루 저, 구인모 역(2010)《식민지 조선인을 논하다》, 동국대학교출판부

박진영(2011)《번역과 번안의 시대》, 소명출판

백유선(2015)《청소년을 위한 한국근현대사》, 휴머니스트

 제4강 **3·1운동과 임시 정부 수립**

김정인(2019)《오늘과 마주한 3·1운동 : 민주주의의 눈으로 새롭게 읽다》, 책과함께

차종환, 이갑산(2019)《3·1운동 숨은 이야기》, 다락방

박세영(2019)《처음 배우는 3·1운동과 임시 정부》, 북멘토

근대 도시의 성장과 발전

최병택, 예지숙(2009)《경성리포트》, 시공사

서지영(2013)《경성의 모던걸-소비, 노동, 젠더로 본 식민지 근대》, 여성문화이론연구소

염복규(2016)《서울의 기원 경성의 탄생》, 이데아

 해외 한인 사회의 형성

재외동포재단(2008)《유럽 한인사: 프랑스와 독일을 중심으로》, 재외동포재단출판사

Koh, Hesung Chun; Chang, Edward T.; Kim, German N.; King, Ross; Ryang, Sonya. 2008, "Korean Diaspora: Central Asia, Northeast Asia and North America", East Rock Institute

이광규(2012)《국제화 시대의 재외한인동포》, 북코리아

 국내외 민족 운동의 전개

김육훈(2007)《살아있는 한국근현대사 교과서》, 휴머니스트

교수신문(2016)《한국 근현대사 역사의 현장 40》, 휴머니스트

김정인, 이준식 외(2016)《한국근대사2-식민지 근대와 민족해방운동》, 푸른역사

일본의 아시아 침략과 식민지 동원

최유리(1997)《일제 말기 식민지 지배정책연구》, 국학자료원

이종민(2004) 〈전시하 애국반 조직과 도시의 일상통제: 경성부를 중심으로〉,《동방학지 124》, 연세대국학연구원

김효신(2008) 〈한국 근대문화에 나타난 이탈리아 파시즘의 수용 양상 연구〉,《영남대학교박사학위논문》, 영남대학교

권신영(2014) 〈"愛國班と隣組"(애국반과 토나리구미): 1940년대 조선 총독부의 전시 제국주의와 호칭의 정치학〉,《동방학지 166》, 연세대국학연구원

대일항쟁기강제동원피해조사및국외강제동원희생자등지원위원회(2016)《위원회 활동결과 보고서》, 대일항쟁기강제동원피해조사및국외강제동원희생자등지원위원회

래너 미터, 기세찬, 권성욱 역(2020)《중일전쟁》, 글항아리

여성가족부 일본군 '위안부' 피해자 e-역사관 http://www.hermuseum.go.kr/mainPage.do

일본군성노예제 문제 해결을 위한 정의기억연대 http://womenandwar.net/kr/

 해방과 민족 분단

박태균(2005)《한국전쟁》, 책과함께

유용태 박진우 박태균(2010)《함께 읽는 동아시아 근현대사 2》제7장, 창비

서중석(2013)《사진과 그림으로 보는 한국현대사》제1-2장, 웅진지식하우스

백유선(2015)《청소년을 위한 한국근현대사》, 휴머니스트

정병준 정용욱 외(2018)《한국현대사 1》, 푸른역사

 4·19 혁명과 5·16 군사 정변

김수영(1995)《거대한 뿌리》, 민음사

최인훈(2008)《광장》, 문학과지성사

이재영(2017)《419 혁명과 소녀의 일기》, 지식과감성

윤태호(2020)《만화로 보는 민주화운동 사일구 －4.19혁명》, 창비

제11강 박정희 정부와 유신체제

유시민(2014)《나의 한국현대사》, 돌베개

정용욱, 박태균, 한인섭, 박배균, 정근식, 김명환(2015)《한국 현대사와 민주주의》, 경인문화사

김재석(2020)《부산: 부마민주항쟁》, 사의재

 제12강 성장하는 한국 경제

이병천, 서익진, 김삼수(2003)《개발독재와 박정희시대-우리 시대의 정치경제적 기원》, 창비

한종수, 강희용(2016)《강남의 탄생-대한민국의 심장 도시는 어떻게 태어났는가?》, 미지북스

박승호(2020)《한국자본주의 역사 바로 알기》, 나름북스

 제13강 1980년대 이후 한국 민주주의의 성장

서중석(2011)《6월 항쟁》, 돌베개

황석영 외 2명(2017)《죽음을 넘어 시대의 어둠을 넘어(광주 5월 민주항쟁의 기록)》, 창비

촛불혁명출판시민위원회(2018)《촛불혁명, 시민의 함성》, 밥북

 제14강 냉전 체제의 긴장과 완화

서중석(2013)《사진과 그림으로 보는 한국 현대사》제7장, 웅진지식하우스

백유선(2015)《청소년을 위한 한국 근현대사》, 휴머니스트

정영철, 정창현(2018)《평화의 시선으로 분단을 보다》, 유니스토리

김연철(2018)《새로 읽는 남북관계사, 70년의 대화》, 창비

제15강 한국 문화의 세계화

이경윤(2012)《다문화 시대 문화를 넘어서 그리고 한국》, 이담북스

지재우(2015)《프로게이머 어떻게 되었을까?》, 캠퍼스멘토

이호걸(2018)《눈물과 정치 〈아리랑〉에서 〈하얀 거탑〉까지, 대중문화로 탐구하는 감정의 한국학》, 따비

강준만(2020)《한류의 역사 : 김 시스터즈에서 BTS까지》, 인물과사상사

저자 소개

김경호: 성균관대학교 동아시아학술원 교수
박이진: 성균관대학교 동아시아학술원 교수
박은영: 성균관대학교 동아시아학술원 연구교수
손성준: 성균관대학교 동아시아학술원 연구교수

유학생이 알아야 할 한국학 시리즈

제2권 한국 역사: 근현대편

1판 1쇄 인쇄 2021년 2월 15일
1판 1쇄 발행 2021년 2월 26일

기획 | 성균관대학교 동아시아학술원 한국학연계전공 교재편찬위원회
　　　　김경호, 박이진, 박은영, 손성준
집필진 | 김병진, 다니엘 종 쉬베켄디크, 류진희, 박은영, 박이진, 손성준, 이용범, 이혜령, 임우경, 장영은, 한기형
　　　　이상 성균관대학교 동아시아학술원 한국학연계전공 담당 교수
감수 | 배항섭(동아시아학술원 교수)
펴낸이 | 신동렬
책임편집 | 구남희
외주디자인 | 심심거리프레스
지도 | 전은우
삽화 | 심심거리프레스, Getty Iamges Bank, Shutterstock
편집 | 현상철·신철호
마케팅 | 박정수·김지현

펴낸곳 | 성균관대학교 출판부
등록 | 1975년 5월 21일 제1975-9호
주소 | 03063 서울특별시 종로구 성균관로 25-2
전화 | 02)760-1253~4
팩스 | 02)760-7452
홈페이지 | http://press.skku.edu

ⓒ 2021, 성균관대학교 동아시아학술원

ISBN 979-11-5550-432-1 04080
　　　979-11-5550-367-6 04080 (세트)

※ 잘못된 책은 구입한 곳에서 교환해 드립니다.